KARL VATERS
DER HEUSCHRECKEN-MYTHOS

Karl Vaters

Der Heuschrecken-MYTHOS

Warum kleine Gemeinden nicht zu klein von sich denken sollten

Francke

Über den Autor:
Karl Vaters ist Pastor von Cornerstone Christian Fellowship in Fountain Valley, Kalifornien. Ihm liegen kleine Gemeinden und ihre Bedürfnisse am Herzen. Er engagiert sich dafür, ganz neu ihren Wert und ihren wichtigen Beitrag in den Blick zu nehmen. Er ist Autor, Redner und Gründer von NewSmallChurch.com. Karl und seine Frau Shelley haben drei Kinder.

www.karlvaters.com
karlvaters
Karl Vaters, Ministry

Anmerkung zur Bibelübersetzung:
Alle Bibelzitate wurden, wenn nicht anderweitig gekennzeichnet, folgender Bibelausgabe entnommen: ELB (Elberfelder Bibel), HFA (Hoffnung für Alle), SLT (Schlachter 2000).

Bibliografische Information der Deutschen Nationalbibliothek
Die Deutsche Nationalbibliothek verzeichnet diese Publikation in der Deutschen Nationalbibliografie; detaillierte bibliografische Daten sind im Internet über https://dnb.de abrufbar.

ISBN 978-3-96362-392-9

This book was first published in the United States with the title
The Grasshopper Myth,

35037 Marburg an der Lahn
Umschlagbilder: © Freepik / tartila
Umschlaggestaltung: Francke-Buch GmbH
Satz: Francke-Buch GmbH
Printed in Polen

www.francke-buch.de

INHALT

Für Shelley,
die Jesus liebt,
die Wahrheit ausspricht
und mich inspiriert.

VORBEMERKUNG: WAS IST DER »HEUSCHRECKEN-MYTHOS«?

Definition: Er ist die Fehleinschätzung, dass unser Dienst in einer kleinen Gemeinde von geringer Bedeutung ist (obwohl das nicht Gottes Sicht der Dinge darstellt), weil wir uns immer wieder mit anderen vergleichen.

Ursprung: Der Begriff bezieht sich auf die Erzählung im 4. Buch Mose, die von der Erkundung des verheißenen Landes durch die Israeliten berichtet.

Viele der Kundschafter malten dem Volk nach ihrer Rückkehr ein Angstszenario:

> *»Das Land, durch das wir gegangen sind, um es zu erkunden, frisst seine Bewohner, und alles Volk, das wir darin sahen, sind Leute von hohem Wuchs. Wir sahen dort auch Riesen, Anaks Söhne aus dem Geschlecht der Riesen, und wir waren in unsern Augen klein wie Heuschrecken und waren es auch in ihren Augen.« (4. Mose 13, 32-33)*

Symptome: Ein »Heuschrecken-Denken«, eine »Heuschrecken-Mentalität« äußert sich in einem Mangel an Vision, Glauben, Mut, Effektivität und Freiheit.

Prognose: Ein Leben des Herumwanderns, des Jammerns und der Schuldzuweisung. Zudem ist es ansteckend!

Behandlung: Wir beginnen, kleine Gemeinden als einen Ort der Hoffnung und der Heilung wertzuschätzen.

Wir haben die Vorzüge davon entdeckt, klein zu denken. Und das hat nichts mit »kleindenken« zu tun!

Wir sind zu der Erkenntnis gekommen, dass unsere geringe Größe kein Problem darstellt, das behoben werden muss, sondern im Gegenteil ein strategischer Vorteil sein kann. Gott möchte, dass wir ihn nutzen.

Wir gehen hinaus an die Orte, die Gott uns aufs Herz legt – mit Vision, Glauben und Mut. An die Orte, die Riesen nicht betreten können.

KAPITEL 1

HALLO, ICH HEISSE KARL UND ICH BIN PASTOR EINER KLEINEN GEMEINDE

Wenn der Titel dieses Kapitels für Sie wie die Einführung zu einem Treffen der Anonymen Alkoholiker klingt, dann haben Sie den richtigen Gedanken.

Ich bin Pastor einer kleinen Gemeinde.
Und ich bin kein Versager.

Erst nach fast dreißig Jahren des pastoralen Dienstes in kleinen Gemeinden konnte ich die zwei obigen Sätze schreiben. Jetzt, wo mir dies möglich ist, weiß ich, dass ich endlich ein Leben frei vom »Heuschrecken-Mythos« leben kann.

Ich bin Pastor einer kleinen Gemeinde

In den vergangenen fünfundzwanzig Jahren war ich leitender Pastor in drei Ortsgemeinden, davon mehr als zwanzig Jahre in meiner gegenwärtigen Stelle. Diese drei Gemeinden waren völlig unterschiedlich, und doch hatten sie eins gemeinsam – sie waren *kleine* Gemeinden. Aber trotz zweieinhalb Jahrzehnten Dienst in kleinen Gemeinden war ich bis vor Kurzem in meinem Denken keinesfalls zum Pastor einer kleinen Gemeinde bestimmt. Stattdessen hatte ich mir eingeredet, dass ich eigentlich Pastor einer großen Gemeinde sein müsste, aber leider in einer kleinen Gemeinde stecken geblieben war.

Genau da beginnt der Heuschrecken-Mythos. Zumindest war es bei mir so. Ich glaubte diesem Mythos so sehr, dass ich eine regelrechte Abneigung gegen unser kleines Gemeindehaus entwickelte und gegen das, was es vermeintlich mit mir tat – dass es nämlich meinen Dienst geradezu erstickte.

Bald begann ich mich selbst zu verachten – dafür, dass es mir einfach nicht gelingen wollte, eine große Gemeinde aufzubauen.

Dann kam die Aversion gegen den pastoralen Dienst.

Und mit der Zeit begannen die Vorwürfe gegen Gott, dass er mich nur weiterführte, um mich dann wieder fallen zu lassen. Ich kann niemand anderen für diese Gefühle verantwortlich machen, aber sie waren auch nicht einfach aus der Luft gegriffen. Eleanor Roosevelt soll gesagt haben: »Kein Mensch kann dir einreden, dass du minderwertig bist, solange du ihm nicht die Erlaubnis dazu gibst.«[1] Mehr als dreißig Jahre lang hatte ich anderen, die mich eigentlich gar nicht kannten, diese Erlaubnis erteilt. Und diese Menschen wussten nicht, dass ich ihre Bemühungen, mir zu helfen, missbrauchte.

Wenn Sie Pastor sind, so ist dies sicherlich nicht das erste Buch über den pastoralen Dienst, das Sie lesen. Vermutlich haben Sie sogar die gleichen Bücher wie ich durchgearbeitet und auch die gleichen Konferenzen besucht. Sie wissen, von welchen die Rede ist. Da hört man dann ungefähr folgende Erfolgsstory: Ein Pastor übernimmt eine bestehende Gemeinde oder gründet eine neue und innerhalb kürzester Zeit blüht die Gemeinde auf und Dienstzweige entwickeln sich. Und dieser Pastor wird zu einer Berühmtheit. Andere Pastoren beginnen sich zu fragen, wie er wohl so ein Wachstum herbeigeführt hat, und im nächsten Schritt werden wissbegierige Kollegen eingeladen, um sich anzuhören, wie so etwas zu schaffen ist. Es werden natürlich auch noch andere erfolgreiche Pastoren mit eingeladen, um Vorträge zu halten, während die anderen, die sich eher schwertun, in hoffnungsvoller Erwartung lauschen, wie die erfolgreichen Pastoren ihre Geschichten erzählen und ihre Strategien vermitteln. Ich war einer dieser Pastoren, die sich eher schwertun. Und in vieler Hinsicht bin ich es immer noch. Und ich habe auch viele hilfreiche Ideen von diesen Konferenzen und aus diesen Büchern mitgenommen.

Früher wusste das Leitungsteam meiner Gemeinde immer, wenn ich wieder mal auf einer Konferenz gewesen war. Ich kam nämlich völlig aufgedreht mit einer neuen »Erfolgsmethode« zurück und war der Überzeugung, dass diese nun der Schlüssel sei, um unsere Gemeindearbeit entscheidend zu verbessern. Manchmal übernahm ich die Prinzipien, von denen ich gehört hatte, und versuchte, sie meinen Mitarbeitern zu vermitteln. Wenn ich von einem Buch besonders überzeugt war, dann mussten meine leitenden Mitarbeiter es auch lesen, damit wir es dann zusammen besprechen konnten. Manche aus unserem Leitungsteam waren schnell überzeugt, während andere eher zurückhaltend waren. Aber die Konferenzsprecher hatten mich natürlich auf die »Zögerlichen« vorbereitet und diese als die »Problemleute«, die »Visionstöter« und als die »Wir haben es noch nie so gemacht«-Menschen identifiziert. Und ich wollte mich von diesen Leuten nicht ausbremsen lassen, sondern auf eine neue und frische Art und Weise Gemeinde bauen.

Aber letztlich konnte ich nie die Erfolge der Konferenzsprecher oder Buchautoren erzielen. Und nach einigen Monaten voller Begeisterung, Energie und finanziellem Aufwand wurden vielleicht ein oder zwei dieser Ideen dauerhaft in unserer Gemeinde umgesetzt, aber das meiste verblasste mit der Zeit aus Mangel an Interesse. Und das Erfolgsbuch, das alle Antworten hatte, wanderte von meinem Schreibtisch zunächst ins Bücherregal und dann in eine Kiste in den Keller und ich gab den »Zögerlichen« aus der Gemeinde die Schuld daran, dass Gottes Vision wieder einmal gestorben war.

Im Laufe der Jahre fand ich es schließlich kostensparender, einfach Bücher zu lesen und weniger Seminare zu besuchen. Aber sogar dafür konnte ich mich irgendwann nicht mehr begeistern, weil die Konzepte und Ratschläge letztlich immer gleich waren. Konferenzen und Bücher bewirkten in mir mehr Entmutigung und Frustration als Begeisterung und Motivation.

Jahrelang besuchte ich kein einziges Seminar mehr und las kein Buch über Gemeindewachstum. Stattdessen ging ich ins Kino und las Romane. Es war eine nette Pause nach all dem Druck, Leistung zu erbringen. Denn wenn der Held im Film die Welt rettete, dann erwartete er nicht von mir, nach Hause zu gehen und das Gleiche zu tun.

Was war nur mit mir los? Oft fragte ich mich das. Ich bin ein intelligenter Mensch. Ich weiß, dass Gott mich dazu berufen hat, Pastor zu sein. Und ich weiß, dass er mich in diese Gemeinde gestellt hat.

Warum kann ich sie nicht so gestalten, wie sie sein soll? Warum wächst sie einfach nicht?!

Die Seminare, die Bücher oder die Erfolgspastoren waren jedenfalls nicht daran schuld. Ihre Erfolge brachten mich zwar dazu, mich minderwertig zu fühlen, aber nur, weil ich ihnen die Erlaubnis dazu gab, indem ich mich mit ihnen verglich. Je mehr ich sie bewunderte und versuchte, ihre Erfolge nachzuahmen, umso mehr fühlte ich mich wie diejenigen unter den israelitischen Kundschaftern, denen es an Glauben mangelte. Die Pastoren der Megagemeinden erschienen wie Riesen und ich war in meinen Augen wie eine Heuschrecke.[2] Doch die Pastoren der Megagemeinden, die Erfolgsbücher schrieben und auf Konferenzen sprachen, hatten nie die Absicht, dies in mir auszulösen. Sie hatten versucht, ihren Erfolg als Werkzeug zu gebrauchen, um mir weiterzuhelfen. Ich war derjenige, der diese Erfolge gedreht und wie eine Waffe gegen mich gerichtet hatte. All dies geschah, weil ich versäumte, eine extrem wichtige Komponente meiner Dienstidentität zu erkennen:

Ich bin Pastor einer kleinen Gemeinde.

Als ich mir zum ersten Mal diese Wahrheit eingestand, war dies einer der besonders befreienden Momente meines Lebens. Ich erkannte die Wahrheit und nahm sie an. Und je mehr ich sie annahm, desto entspannter wurde ich. Endlich wusste ich, wer ich bin und zu welchem Dienst ich von Gott berufen worden war. Ich war frei von der Bürde, so werden zu wollen, wie es mir nicht bestimmt war.

Und ich bin kein Versager.

Aber: Wenn meine Gemeinde klein ist, wie kann ich dann mich selbst, meine Gemeinde oder meinen Dienst als erfolgreich bezeichnen? Wie kann ich die Gemeinde als »gesund« ansehen? Sollten nicht alle gesunden Organismen wachsen? Ja, das sollten sie. Aber das Problem ist, dass so viele von uns Gemeindeerfolg und Gemeindegesundheit anhand von Zahlen bewerten. Und nicht nur *irgendwelche* Zahlen, sondern: *Wie viele Stühle* sind besetzt und *wie viele Euros* sind in der Kollekte? Je mehr, desto besser?

Dieser Zwang, sich mit rein zahlenmäßigem Wachstum zu beschäftigen, ist nicht gesund.

Das Problem ist, dass viele von uns Gemeindeerfolg und Gemeindegesundheit anhand von Zahlen bewerten.

Diejenigen, die Bücher schreiben und Seminare abhalten, werben gerne mit ihren Erfolgsgeschichten und somit ihrem Leiterschaftserfolg – und das mit Recht. Aber Pastoren in meiner Situation sehen etwas, was diese Kollegen oft nicht sehen, nämlich all die Verluste auf der Habenseite. Das Streben nach immer höher ausfallenden Zahlen und größeren Gemeinden hat vermutlich zu mehr Burn-out-Erkrankungen unter Pastoren geführt als zu gesunden, wachsenden Gemeinden. Und nicht zu vergessen sind die Zehntausende von verwirrten und verletzten Gemeindebesuchern, deren Meinung und Bedürfnisse belächelt und beiseitegeräumt wurden, damit neue Wege gegangen werden konnten. Viele von ihnen haben ihrer Gemeinde den Rücken gekehrt und sich nie wieder einer anderen Gemeinde angeschlossen.

Im Kapitel »Was ist denn so falsch am Gemeindewachstum?« stelle ich die Annahme infrage, dass biblisches Wachstum an der Anzahl der Gemeindebesucher abgelesen werden kann.

Aber zunächst möchte ich mich mit einer Frage beschäftigen, die sich viele Pastoren nie stellen. Ich weiß das, weil ich das selbst viele Jahre lang nicht getan habe.

Wie sieht biblisches Gemeindewachstum aus?

Vergessen Sie die Zahlen!

Wo legt Jesus stattdessen die Messlatte an?

Ich befürchte, viele von uns unterliegen demselben Irrtum wie das Kind in der folgenden wahren Begebenheit: Eines Sonntags stand ich nach dem Gottesdienst im Foyer und eine Bekannte kam mit einem Lächeln auf mich zu. »Du wirst nicht glauben, was meine kleine Laura mir heute erzählt hat«, sagte sie. »Sie kann es kaum abwarten, erwachsen zu werden, denn sie möchte unbedingt größer sein. Sie denkt noch, dass man mit zunehmendem Alter immer größer wird. Und sie kann nicht verstehen, dass ihre Oma älter ist als ich, denn Oma sei doch so klein.«

Ich lächelte und erinnerte mich an die Zeit, als meine Kinder im gleichen Alter waren und genauso dachten.

Die Mutter fuhr fort: »Und plötzlich meinte Laura dann: ›Mama, Pastor Karl muss ja der älteste Mensch auf der ganzen Welt sein!‹«

Ich brach in Lachen aus. Mit 1,98 m war ich sicherlich der größte Mensch, den die kleine Laura je gesehen hatte.

Ja, alle gesunden Organismen wachsen. Aber Wachstum kann nie so einfach nach *»älter gleich höher«* oder *»gesund gleich größer«* bemessen werden. Eine Erbse wird nie die Größe von einem Kürbis erreichen und eine Rose nie die Höhe eines Mammutbaums, ganz egal, wie oft wir wässern, düngen oder Wachstumsprinzipien lehren. Es liegt einfach nicht in ihrer Natur. Alle gesunden, lebenden Organismen erreichen ihre optimale Dimension in der Reifezeit, danach wachsen sie weiter, aber auf eine andere Art und Weise.

Kann es sein, dass dieses Prinzip auf die Gemeinde angewendet werden kann?

Ich bin zu der Überzeugung gekommen, dass dies möglich ist. Wenn die Gemeinde ein Leib mit vielen Gliedern ist, kann es dann nicht sein, dass der Leib Christi Gemeinden aller Größen braucht?[3] Ich bin kein Versager, wenn meine Gemeinde ihre volle Reife erreicht und dann auf andere Weise wächst als nur in Zahlen, die den sonntäglichen Gottesdienstbesuch betreffen. Tatsache ist: Es ist absolut notwendig, dass eine Gemeinde auch auf andere Weise wächst als nur zahlenmäßig, damit sie den nächsten kritischen Wachstumsschritt nehmen kann – von *gesund* zu *heilsam*. Der Unterschied zwischen diesen beiden Worten ist sehr bedeutsam.

Es ist absolut notwendig, dass eine Gemeinde auch auf andere Weise wächst als nur zahlenmäßig.

Nachdem ich meine jetzige Stelle angetreten hatte, haben wir jahrelang Kämpfe ausgefochten. Vor mir gab es mehrere Interimspastoren und dies hatte seinen Tribut gefordert. Aber nach und nach erreichten wir eine Phase, in der uns bewusst wurde, dass unsere Gemeinde zum ersten Mal seit Jahrzehnten wieder richtig gesund war. Eines Tages saß ich am Steuer meines Autos auf dem Parkplatz der Gemeinde und stellte mir die Frage: »Und was kommt jetzt?« Fast vier Jahre lang hatte ich mich abgemüht, damit diese kleine Gemeinde

Geschehnisse aus der Vergangenheit hinter sich lassen konnte, und jetzt war sie endlich gesundet.

Was aber macht man mit einer gesunden Gemeinde?

Als ich in meinem Auto saß, wurde mir klar, dass die leitenden Mitarbeiter und ich jahrelang unter der Kühlerhaube herumgearbeitet hatten, um mechanische Probleme zu beheben. Und nun saß ich auf dem Fahrersitz einer gesunden Gemeinde – aber ich hatte keine Ahnung, in welche Richtung ich sie lenken sollte!

Was war die Antwort? *Gesunde* Organismen müssen sich zu *heilsamen* Organismen entwickeln.

Gesunde Pflanzen nehmen die richtigen Nährstoffe auf und werden stark, aber wenn sie keinen Nutzen für andere haben, sind sie nicht *heilsam*. Eine heilsame Pflanze ist nicht nur gesund, sondern sie schenkt auch anderen gesunde Frucht. Es gibt zum Beispiel gesunde Pilze, die heilsam für den Menschen sind, und gesunde Pilze, die giftig und deshalb in keiner Weise gesundheitsfördernd sind. Der Leib Christi muss sich bewusst machen, wie heilsames Wachstum aussieht. Tatsache ist: Keine Gemeinde kann sich wirklich als gesund bezeichnen, wenn sie nicht auch eine heilsame Wirkung ausstrahlt. Und in kleinen Gemeinden beginnt das mit einem Pastor, der mit seiner Berufung zufrieden ist.

Keine Gemeinde ist gesund, wenn sie nicht auch eine heilsame Wirkung ausstrahlt.

Als ich an diesem Tag im Auto saß, wurde mir dies bewusst. Der nächste Schritt war der, aus unserer gesunden Gemeinde eine heilsame Gemeinde zu entwickeln, aus der andere Nahrung und Nährstoffe gewinnen konnten. Nicht, weil wir unsere Zahlen verdoppeln wollten, sondern weil unsere Stadt Hoffnung brauchte.

Optimales Gemeindewachstum ist ein Thema, das wir im Kapitel »Gott führt keine Anwesenheitsliste« beleuchten werden.

Heilung vom Heuschrecken-Mythos

Sind kleine Gemeinden nichts anderes als Gemeinden, die versagt und sich nicht zu etwas Großem entwickelt haben? Sind wir dazu bestimmt, unseren Dienst im übermächtigen Schatten großer Gemeinden zu versehen? Oder sind wir zu anderem berufen? Gewiss gibt es viele Gemeinden aller Arten und Größen, die scheitern. Größe allein ist nicht genug, um über Versagen und Erfolg zu entscheiden.

Ich stelle folgende Thesen auf, die auf *Neue Kleine Gemeinden* zutreffen:

> Wir sind nicht krank.
> Wir sind keine Versager.
> Wir sind nicht festgefahren.
> Wir sind nicht unqualifiziert.
> Wir sind nicht begrenzt in unserer Vision.
> Wir müssen nicht »repariert« werden.
> Wir sind nicht »weniger als ...«.

Nein. Wir sind Gottes Idee.

Wir sind klein.

Und gerade weil wir klein sind, können wir ein Segen für den Leib Christi, unsere Nachbarschaft, unsere Stadt, unser Land und unsere Welt auf eine Art und Weise sein, wie andere Gemeinden es nicht können.

Joel Osteen[4] könnte meinen Dienst nicht tun.

Damit will ich ihn nicht kleinreden. Ich könnte nie Pastor seiner Gemeinde, der Lakewood Church, sein. Und das macht mich nicht klein. Brian Houston[5] und Craig Groeschel[6] könnten auch nicht den Dienst in meiner Gemeinde tun. Sie sind einfach nicht dazu bestimmt.

Wenn ein Pastor wie Brian Houston meine Gemeinde übernähme, so würde er ohne Frage aus ihr eine große Gemeinde bauen. In einigen Monaten hätte er ein größeres Gebäude gefunden, um Platz zu schaffen für die wachsende Zahl von Gottesdienstbesuchern und all die neuen Dienste der Gemeinde. Zweifellos wäre es auch eine gute Gemeinde – mit hervorragendem Lobpreis. Aber es wäre nicht mehr dieselbe Gemeinde wie vorher. Damit Brian sich entfalten könnte, müsste sich die Gemeinde verändern. Einiges würde dadurch hinzugewonnen. Aber viel Gutes würde auch verloren gehen.

Ich will damit nicht sagen, dass die Erfolge der »Megapastoren« leicht zustande kommen. Mir ist bewusst, dass sie alle hart gearbeitet und gekämpft haben. Aber sie waren erfolgreich. Und ihr Erfolg ist sichtbar. Was jedoch an Gutem durch die Verwandlung meiner Gemeinde in eine Megachurch verloren gehen würde, wäre weniger sichtbar, genau wie die Erfolge meiner Gemeinde heute weniger sichtbar sind.

Ich bin nicht allein. Es gibt viele gute Gemeinden, die klein sind. Aber wir können nicht unser ganzes Potenzial ausschöpfen, wenn wir einen anderen als den von Gott für uns vorgesehenen Platz im Leib Christi einnehmen. Wir müssen unsere Ressourcen statt auf das falsche Modell des rein zahlenmäßigen Wachstums auf ein eher biblisches Modell ausrichten. Es gibt viele Menschen, die gerne eine kleine Gemeinde besuchen, nicht trotz ihrer Größe, sondern gerade *wegen* ihrer Größe. Pastoren der *Neuen Kleinen Gemeinden* haben dies akzeptiert und freuen sich darüber. Wir jammern nicht mehr über die Probleme und Herausforderungen, die wir haben, weil wir klein sind, und konzentrieren uns stattdessen auf unsere Stärken und Möglichkeiten. Weil wir dies tun, erkennen wir mehr und mehr das, was unsere Gemeindemitglieder schon lange wissen – es gibt viel Liebe in einer dynamischen kleinen Gemeinde!

Es gibt viel Liebe in einer dynamischen kleinen Gemeinde.

Kleine Gemeinden waren und werden vermutlich immer der Ort sein, an dem die meisten Christen den Hauptanteil ihrer geistlichen Nahrung erhalten. Wir müssen damit aufhören, ihnen zu sagen, dass sie im falschen Laden einkaufen!

Mein Gebet für Sie, den Leser:

Was ich auf den folgenden Seiten schreibe, erwächst aus Hoffnung. Nach Jahren unnötiger Frustration in meinem pastoralen Dienst habe ich emotionale und geistliche Heilung erlebt, nachdem ich meine von Gott geschenkte Berufung akzeptiert habe. Wenn das, was ich geschrieben habe, jemandem hilft, ähnlichen Frust zu vermeiden oder zu besiegen, dann habe ich viel erreicht.

Während Sie dies also lesen, bete ich …

… dass andere Pastoren kleiner Gemeinden nicht das durchleiden müssen, was ich durch die mir selbst beigebrachten Verletzungen durchlitt.

… dass *Neue Kleine Gemeinden* und ihre Pastoren nicht nur ihr zukünftiges Potenzial sehen, nämlich eine große Gemeinde zu werden, sondern dass sie ihren von Gott gegebenen Wert in ihrer jetzigen Größe erkennen. Vielleicht werden sie sogar diese Größe behalten, weil dies Gottes Wille für sie ist.

… dass mittelgroße, große und Megagemeinden und ihre Pastoren ihre Hände und Herzen mit den *Neuen Kleinen Gemeinden* verbinden, um voneinander zu lernen.

… dass wir einander ermutigen und das wertschätzen, was jede Gemeinde auf einzigartige Weise in das Reich Gottes einbringt: »Unser Leib soll eine Einheit sein, in der jedes einzelne Körperteil für das andere da ist.«[7]

… dass Bibelschulen, Seminare, Konferenzen für Pastoren, Verlage und Glaubensgemeinschaften den Erfahrungsreichtum und die Weisheit von Pastoren *Neuer Kleiner Gemeinden* aufgreifen bei der Ausbildung der Pastoren von heute und der nächsten Generation, von denen 80 Prozent nie einer Gemeinde von mehr als 200 Menschen vorstehen werden. Somit werden all die besonderen Gaben freigesetzt und geschätzt, die nötig sind, um Gemeinden unterschiedlicher Größe leiten zu können.

… dass Gemeindestatistiker neue Wege finden werden, um Gemeindewachstum zu definieren, und nicht nur die Zahl der Gottesdienstbesucher am Sonntag als Grundlage nehmen.

… dass, wenn Pastoren einander fragen: »So, wie geht es denn voran mit deiner Gemeinde?«, wir in erster Linie über Lebensveränderung sprechen und erst dann über die Zahl der Gottesdienstbesucher. Dass wir über persönliche Geschichten sprechen, statt nur über die Höhe der Sonntagskollekte. Dass wir begeisterter sind von den Menschen in unserer Gemeinde und unserer Stadt als von den Bauplänen für das neue Gemeindehaus.

… dass meine Kollegen, die wie ich Pastor einer *Neuen Kleinen Ge-*

meinde sind, befreit werden von Schuld, Stress und Minderwertigkeitsgefühlen, die einem unbiblischen Ideal entspringen. Dass sie neue Hoffnung, Ermutigung und Leidenschaft für ihre Gemeindemitglieder entwickeln, deren Namen und Gesichter sie kennen und an deren Leben sie Anteil nehmen.

... dass der Heuschrecken-Mythos diagnostiziert wird, damit er erkennbar wird als das, was er ist – ein Mythos, eine Verwirrung, eine Täuschung, eine Fälschung. Eine Lüge.

... dass der Leib Christi mit allen seinen Gliedern, klein und groß, die Freude der Anbetung und die heilende Kraft der Gemeinschaft erfährt und einen heilenden, segensreichen Einfluss auf unsere Welt ausübt.

Dies sind hohe Ziele für das Buch eines Pastors, dessen Gemeinde so klein ist, dass sie für 90 Prozent der Menschen unsichtbar ist, die tagtäglich an ihr vorbeifahren. Aber keine Sorge: Ich gebe mich nicht der Illusion hin, dass ich alle Ziele erreichen werde, noch nicht einmal die meisten davon.

Aber ich hoffe, Sie ins Nachdenken und ins Gespräch über die Gedanken in diesem Buch zu bringen.

KAPITEL 2

WIE DER VERSUCH, EINE GROSSE GEMEINDE ZU BAUEN, MICH FAST UMGEBRACHT HAT – UND MEINE GEMEINDE AUCH

Meine Geschichte ist meine Geschichte. Ich habe darüber nachgedacht, ob ich sie wirklich in diesem Buch erzählen sollte, weil sie so persönlich ist.

Zudem ist dies keine Autobiografie – aus gutem Grund. Meine Lebensgeschichte ist weder heldenhaft genug noch schrecklich genug, um irgendjemandem einen Adrenalinkick zu versetzen. Es gibt nichts, worüber ich jammern oder womit ich prahlen könnte.

Aber mir ist auch bewusst, dass die persönlichsten Geschichten oft die allgemeingültigsten sind. Also lade ich Sie ein: Wenn es irgendetwas in meinem Leben gibt, das Ihnen weiterhilft, nutzen Sie es!

Das Gemeindekind wächst auf

Ich bin Pastor in dritter Generation. Meine Eltern liebten Gott, dienten der Gemeinde und stellten ihre Familie an die erste Stelle.

Der Vater meines Vaters verbrachte fast seinen gesamten Dienst als Inhaber eines Kirchenamtes auf nationaler Ebene, doch nie hat ihn jemand mit einem anderen Titel angeredet als »Pastor Vaters«. Ein Pastor für andere Pastoren. Seine Frau – meine Oma – war die Predigerin in der Familie. Sie war dafür bekannt, dass sie auf der Kanzel spannende Anekdoten erzählte und ganz am Schluss eine überraschende

Wendung einflocht, sodass die Leute es kaum abwarten konnten, die Fortsetzung zu hören.

Ich habe Jesus kennengelernt, als ich sechs oder sieben Jahre alt war. Während die Erwachsenen an evangelistischen Versammlungen in der Stone Church in Toronto (Kanada) teilnahmen, sorgte mein Vater dafür, dass die Kinder in den Kellerräumen mehr als nur betreut wurden: Jeden Abend, eine Woche lang, verfolgten wir begeistert die »Zaubertricks« mit farbigen Tüchern und Kaninchen-aus-dem-Hut, durch die ein Künstler die biblischen Geschichten für uns lebendig machte.

Jeden Abend fragte der Evangelist am Schluss, ob jemand Jesus in sein Herz aufnehmen wolle, und jeden Abend wollten einige Kinder das. Etwa in der Mitte der Woche sagte er, dass wir nicht einfach deshalb Christen seien, weil unsere Eltern es sind. Es sei eine Entscheidung, die jeder für sich persönlich treffen müsse. Entweder hatte er das bis dahin nicht gesagt oder ich hatte es nicht gehört. Doch ich hörte es nun.

An jenem Abend traf ich meine Entscheidung. Und ich habe es nie bereut. Ja, ich hatte gelegentliche Zeiten des Zweifels und der Ungewissheit. Ich habe auch manche schwierige Frage gestellt – mehr als Erwachsener als in meiner Kindheit oder Jugend. Aber ich kann guten Gewissens sagen, dass ich von diesem Zeitpunkt an Jesus nachgefolgt bin.

Als ich 16 war, unternahm mein Vater eine Reise nach Kalifornien. Als er zurückkehrte, riefen meine Eltern mich und meine jüngeren Schwestern ins Wohnzimmer. Dann erzählten sie uns, dass mein Vater den Eindruck hatte, dass Gott ihn berief, Pastor einer kleinen Gemeinde in Modesto in Kalifornien zu werden – viel kleiner als diejenige, in der er zu der Zeit als Pastor arbeitete. Mein Vater betonte, dass dies eine Familienentscheidung sei. Meine Schwestern und ich waren bereits 16, 14 und 12 Jahre alt und mein Vater wusste, dass ein Umzug in ein fast 5.000 Kilometer weit entferntes Land nicht gut funktionieren würde, wenn wir nicht alle an einem Strang zögen.

Wir schauten aus dem Fenster. Es war gerade tiefster Winter und wir wurden gefragt, ob wir von Kanada in das sonnige Kalifornien ziehen wollten. Wir mussten nicht lange überredet werden.

Kurz nach unserem Umzug war ich mit der Highschool fertig und ging aufs College. Dort dachte ich darüber nach, was ich mit dem Rest meines Lebens anfangen wollte. Ich spürte einen Ruf in den vollzeitlichen Dienst und kämpfte lange Zeit dagegen an – etwa anderthalb Jahre lang. Die Entscheidung war schwierig für mich, weil mir bewusst war, dass ein Ruf in den Dienst immer eine persönliche Angelegenheit war. Ich wollte sicher sein, dass ich diesen Weg nicht einfach deshalb einschlug, weil es der Tradition meiner Familie entsprach.

Nachdem ich Gottes Berufung für mich angenommen hatte, verbrachte ich die nächsten zweieinhalb Jahre am Bethany Bible College. Nach der Absolvierung bekam ich eine Stelle als Co-Pastor. Diese Stelle war allerdings von kurzer Dauer, da es bald darauf personelle Veränderungen in der Gemeinde gab. Wenig später fing ich in der Gemeinde meines Vaters an, der eine Stelle als Pastor einer Gemeinde in Silicon Valley angenommen hatte.

An meinem ersten Tag in dieser Gemeinde traf ich ein entzückendes rothaariges Mädchen. Shelley und ich heirateten ein Jahr später. 14 Monate nach unserer Hochzeit waren wir Eltern. Drei Jahre später, kurz vor der Geburt unseres zweiten Kindes, verließen wir diese recht große Gemeinde und zogen in die Santa Cruz Mountains, wo ich in der kleinen Stadt Felton Pastor einer Gemeinde mit etwa 30 Mitgliedern wurde.

Die Gemeindewachstumsbewegung bewegt mich

Es war das Jahr 1986 und die Gemeindewachstumsbewegung gewann immer mehr an Bedeutung. So gut wie jedes Buch, jedes Seminar und jede Konferenz für Pastoren beschäftigte sich damit. Verschiedene Denominationen entwickelten ambitionierte Pläne, um mithilfe von Gemeindewachstumsprinzipien neue Gemeinden zu gründen, Gemeinden, die sich gerade schwertaten, zu stärken und die durchschnittliche Besucherzahl zu erhöhen.

Als ich studierte, hatte man an den theologischen Ausbildungsstätten gerade damit begonnen, die Gemeindewachstumsprinzipien von Donald McGavran, C. Peter Wagner, Robert Schuller und anderen zu lehren. Doch kurz nach meinem Abschluss nahm die Bewegung erst richtig Fahrt auf. Bis ich Pastor in Felton war, galten die Gemeindewachstumsprinzipien als *die* Art und Weise schlechthin, wie *alle* gesunden Gemeinden funktionierten. Ich las und hörte davon mit wachsender Begeisterung. Dann beobachtete ich, wie viele meiner Altersgenossen diese Prinzipien anwandten und erstaunliche Erfolge hatten – große Gemeinden bis hin zu Megachurches (zu jener Zeit ein neuer Begriff und eine relativ neue Idee).

Es war alles so neu. Ich verbrachte die nächsten paar Jahre damit, das meiste von dem zu *ver*lernen, was ich zuvor darüber gelernt hatte, wie man Gemeinde baute. Ich bin noch immer dankbar dafür. Ich will meine Lehrer am College nicht schlechtmachen – sie haben mir eine wunderbare theologische Grundlage gegeben –, aber die Welt veränderte sich und die meisten ihrer Methoden waren bereits Auslaufmodelle, als sie sie mir vorstellten.

In den folgenden Jahren bekamen Shelley und ich unser drittes und letztes Kind, gefolgt von einem kurzen, unglücklichen Aufenthalt in einer Gemeinde am nördlichen Zipfel der Bucht von San Francisco. Dann landeten wir im Dezember 1992 in Fountain Valley, keine 15 Kilometer entfernt von Disneyland, wo ich Pastor der Community Bible Church wurde. Ich werde in späteren Kapiteln mehr über den Zustand dieser Gemeinde sagen. Vorerst nur so viel: Sie war klein und kämpfte um ihr Überleben. Die Leute, die noch treu die Stellung hielten, waren allerdings nicht die Ursache dafür. Sie waren sich der Herausforderungen bewusst und bereit, sie anzugehen. Und zwar mit ihrem neuen und – wie sich später herausstellte – schockierend naiven, jungen Pastor.

Getrieben, etwas zu tun

Wenige Monate nachdem wir im Orange County angekommen waren, verreisten meine Frau und ich, um unseren zehnten Hochzeitstag zu feiern. Während wir weg waren, besuchte ich einen Sonntagsgottesdienst in einer Megachurch. Was die Leute dort aufgebaut hatten, war beeindruckend, insbesondere, da sich die Gemeinde in einer dünn besiedelten Gegend befand. Ich stellte mich dem Pastor vor und fragte ihn, ob ich ihn am folgenden Tag zum Mittagessen einladen dürfe, um mir von ihm einige Ideen für meinen pastoralen Dienst zu holen. Er war einverstanden und wir verbrachten eine nette Zeit mit ihm und seiner Frau.

Wir erzählten uns gegenseitig unsere Geschichten und waren beide überrascht, als wir entdeckten, dass er die Gegend, in die wir gerade gezogen waren, kannte und mehr über sie wusste als ich. »Es ist ein Jammer«, meinte er zu der Gemeindesituation in der Gegend von Fountain Valley. »Niemand tut dort etwas.« Während Orange County einige Megachurches aufweisen konnte, gab es in der Umgebung, in der ich Pastor war, keine einzige.

Das war alles, was ich hören musste. Ich kehrte mit dem festen Entschluss aus dem Urlaub zurück, dass ich derjenige sein würde, der endlich »etwas tun« würde in der Gegend von Fountain Valley.

Während der nächsten Jahre waren wir damit ausgelastet, unsere Kinder großzuziehen, unsere Rechnungen zu bezahlen und Gemeinde zu bauen. Doch trotz bester Absichten, harter Arbeit und beständigen Gebets wuchs die Gemeinde nur geringfügig – sie wurde nur unbedeutend größer und kämpfte vielleicht nicht mehr ganz so sehr um ihr Überleben.

Dann schrieb Rick Warren sein Buch *Kirche mit Vision.*

Jeder, der Ende der Neunzigerjahre Pastor war, wird sich an den Einfluss erinnern, den Rick Warrens Buch auf Gemeindeleiter hatte. Es wurde zu einem weltweit gelesenen Bestseller und Phänomen. Und ich wohnte weniger als eine halbe Stunde Autofahrt von dessen Ursprung und Epizentrum entfernt – der baptistischen Megakirche im kalifornischen Lake Forest, der »Saddleback Church«.

Nachdem ich das Buch gelesen hatte, kaufte ich es für alle Gemeindemitarbeiter und Diakone. Ich verpflichtete sie und ihre Ehepartner dazu, es zu lesen. Dann setzte ich an einem Samstag einen Strategietag an, um über die Bedeutung des Buches für unsere Gemeinde zu sprechen.

Als die leitenden Mitarbeiter den Raum betraten, in der Hand das Buch mit Eselsohren und angestrichenen Absätzen, wusste ich: Ihnen ging es genauso wie mir. Sie waren ebenso begeistert, überwältigt und auch etwas ängstlich wie ich. Doch wir konnten es kaum erwarten, diese wundervolle, seltsame neue Welt zu betreten. »Unser Gemeindeleben wird nie wieder so sein wie bisher«, war einer der ersten Kommentare, als ich die Feedbackrunde eröffnete. Und tatsächlich war es nie wieder so.

Am folgenden Wochenende fuhren wir alle zusammen nach Lake Forest, um einen Samstagabendgottesdienst in der Saddleback Church zu erleben. Es war beeindruckend, ermutigend, motivierend und vor allem beängstigend.

Anhand der Prinzipien von *Kirche mit Vision* verbrachte unser Leitungsteam die nächsten Monate damit, zu recherchieren, zu beten und schließlich einen Plan aufzustellen, um unsere kleine Gemeinde in einen »Dynamo mit Vision« zu verwandeln. Die Gemeindemitglieder ließen sich von unserer Begeisterung anstecken und wir bereiteten uns auf eine grundlegende Erneuerung unseres Gemeindelebens vor.

Nach einer monatelangen Werbekampagne, mit der wir in der Nachbarschaft den Start einer »Kirche für Leute, die Kirche nicht mögen« ankündigten, präsentierten wir unser neues Gemeindeprogramm am 1. Oktober 2000. Unter anderem führten wir einen zweiten Gottesdienst am Sonntagmorgen ein; zwischen den beiden Gottesdiensten gab es eine Kaffeepause. Wir ließen die alten Hymnen weg und hörten auf, Anzüge und Kleider zu tragen. Wir überarbeiteten das Material für die Kinderstunde und orientierten uns an Rick Warrens Jüngerschaftsstrategie. Schließlich änderten wir den Namen unserer Gemeinde in »Cornerstone Christian Fellowship«.

Und es funktionierte! Die Gemeindemitglieder (wenigstens die meisten) waren begeistert über die (meisten) Veränderungen. Einige Familien kamen, die unsere Gemeinde bisher noch nicht besucht hatten, und es gefiel ihnen. Während der nächsten paar Jahre schwammen wir auf einer Welle der Begeisterung und des Wachstums – bis wir am 4. Januar 2004 unsere Sonntagsgottesdienste in die Aula einer Schule verlegten. Damit verdoppelten wir die Anzahl der Sitzplätze. Doch der Grund für den Umzug war nicht, dass wir zu jener Zeit mehr Sitzplätze gebraucht hätten, sondern dass die Gemeindewachstumsprinzipien mir nahelegten, mehr Platz zu schaffen, *bevor* wir ihn brauchten. Wir waren inzwischen auf knapp 250 Erwachsene gewachsen – in einem Gottesdienstraum, der maximal 350 Personen fasste (175 pro Gottesdienst). Die Aula aber konnten wir für über 600 Personen bestuhlen (300 pro Gottesdienst), bevor wir uns nach größeren Räumlichkeiten umsehen müssten. Ich war mir sicher, dass dies bald der Fall sein würde.

Ich hatte das Gefühl, dass ich endlich kurz davor war, »etwas zu tun«.

Verwirrung und Erkenntnis

Etwas länger als ein Jahr transportierte ein unheimlich hingegebenes Team jeden Sonntag die gesamte Ausstattung unserer Gemeinde in eine Schulaula, baute später alles wieder ab und brachte es zurück. Die Besucherzahl der Sonntagmorgengottesdienste stieg in den neuen Räumen sofort. Bald zählten wir fast 350 Erwachsene im Durchschnitt.

Doch der wöchentliche Kraftakt fing an, die Leute zu zermürben. Die Klappstühle aus Metall und die Tatsache, dass es in der Schulaula keine Klimaanlage gab, machten die Gottesdienste in den heißen südkalifornischen Sommermonaten unerträglich. Die Verlockung, zurück in unsere eigenen bequemen, klimatisierten, mietfreien Gemeinderäume zu gehen, die nun verwaist dastanden, war immens. Die Zahl der Gottesdienstbesucher ging zurück. Als die Schule uns die Aula wegen bevorstehender Renovierungsarbeiten nicht länger zur Verfügung stellen konnte, brachten wir die schrumpfende Gemeinde im März 2005 zurück in unser altes Gebäude.

Alle waren begeistert, wieder in einer »richtigen« Gemeinde zu sein.

Aber ich war am Boden zerstört.

Unser Schritt, wieder in unser altes Gemeindehaus zurückzugehen, schien mir gleichbedeutend mit *rückwärtsgehen* und ich fühlte mich wie ein Versager.

Innerhalb von sechs Monaten verschlimmerten sich meine Gefühle der Verzweiflung. Immer mehr Leute verließen die Gemeinde. Meiner Überzeugung nach war der Grund dafür, dass wir diesen Schritt zurück gegangen waren und nun nicht mehr den größeren Raum hatten, der Wachstum ermöglichte. Die Wahrheit jedoch war, dass die schrumpfende Gemeinde mehr mit der elenden Verfassung zu tun hatte, in der sich ihr Pastor befand. Trotz all meiner Anstrengungen, mir ein Lächeln abzuringen, brachte meine emotionale Unruhe Menschen dazu, die Gemeinde zu verlassen. Dies verstärkte meine Melancholie, was wiederum dazu führte, dass mehr Menschen sich unwohl fühlten, mehr Menschen die Gemeinde verließen und ich noch tiefer in die Depression rutschte.

Ich weiß nicht, wie tief die durchschnittliche Besucherzahl während der nächsten Jahre sank. Wir befanden uns im freien Fall und ich hörte auf zu zählen. Über Besucherzahlen Buch zu führen, machte Spaß, als wir noch wuchsen, doch jetzt machte es mich nur unglücklich. Ich war ratlos und ich wusste nur: Wir passten wieder sehr gut in unsere alten kleinen Gemeinderäume.

Ich war überzeugt, dass man mir irgendwie übel mitgespielt hatte. Schließlich war mein Wunsch, eine große Gemeinde zu bauen, von den richtigen Motiven getragen gewesen. Es ging mir ja nicht um die Befriedigung meines Ehrgeizes. Okay ... ab und zu kam dieser durch, aber er war kein treibender Faktor gewesen. Nun hatte ich das Gefühl, wie der böse, faule Knecht in der biblischen Geschichte, der sein Talent in der Erde vergraben hatte, bestraft zu werden. Dabei hatte ich mir doch so viel Mühe gegeben, das mir Mitgegebene weise zu investieren!

Ich wollte Gott nur treu sein. Das ist immer noch alles, was ich will. Und die Pastoren, die ich am meisten bewunderte, hatten mir gesagt: Wenn du Gott treu sein willst, dann bau eine große Gemeinde. Mehr Menschen in der Gemeinde, das sind mehr Leben, die erlöst werden, und das ist es, worum es im Reich Gottes geht. Nun kam es mir vor, als hätte Gott mir eine Aufgabe gegeben, nur um mir dann den Boden unter den Füßen wegzuziehen, als ich kurz davor stand, sie zu erfüllen.

Dann wurde ich zornig. Wie im vorigen Kapitel bereits erwähnt, fing ich an, das Gemeindegebäude zu hassen. Jedes Mal, wenn ich dorthin fuhr, spürte ich diese Wut im Bauch. Manchmal fuhr ich einfach vorbei, sagte meine Termine mit einer lahmen Entschuldigung ab und ging ins Kino oder an den Strand, wo ich stundenlang saß und auf die Wellen starrte. Abgesehen von Shelley sprach ich mit niemandem über das, was in mir vorging. Noch nicht einmal ihr erzählte ich viel.

Schließlich war mir klar, dass ich Hilfe brauchte. Deshalb suchte ich mir einen seelsorgerlichen Berater. Aber auch das machte mich wütend. Ich bot den Menschen in meiner Gemeinde Seelsorge an, ohne Geld dafür zu nehmen – etwas, das schon immer zu meinen Stärken gehört hatte, selbst in jener Zeit –, aber jetzt, wo ich selbst Hilfe brauchte, musste ich dafür bezahlen. Kurz nachdem ich mit der Beratung begonnen hatte, war mir klar, dass eine Stunde pro Woche nicht genug sein würde. Ich musste den Menschen, die mich liebten, sagen, was mit mir los war. Danach würde ich eine Weile mit meiner Arbeit pausieren müssen.

Ich begann bei meinen Familienangehörigen. Ich sagte ihnen, wie ich mich fühlte, und sie reagierten mit so viel Liebe, wie ich es nicht anders erwartet hatte. Es war schwer, mit ihnen darüber zu reden, aber sobald sie es wussten, fühlte sich meine Last schon etwas leichter an. Sie sahen ein, dass ich ausgebrannt war und eine Pause brauchte. Und dann begannen sie zu beten.

Aufgrund ihrer Unterstützung schaffte ich es, allen Mut zusammenzunehmen und meinen Mitarbeitern mitzuteilen, was los war. Dann sprach ich mit dem Gemeindevorstand. Das war mit Angst verbunden. Ich wusste nicht, wie sie reagieren würden. Doch wenn ich in meinem Dienst eine Pause einlegen wollte, dann mussten sie den Grund dafür wissen. Schließlich konnte ich meine Arbeit nicht einfach unterbrechen, ohne dass der Vorstand zustimmte und Mitarbeiter sich bereit erklärten, meine Aufgaben in dieser Zeit zu übernehmen.

In jenem Moment war es mir gar nicht unbedingt bewusst gewesen, doch meine gesamte Zukunft als Pastor hing von ihrer Antwort ab – einschließlich der Frage, ob ich überhaupt eine Zukunft im geistlichen Dienst dieser Gemeinde haben würde. Der Vorstand hatte ohne Zweifel das Recht, mir mitzuteilen, dass sie sich nach einem neuen Pastor umsehen würden. Schließlich war ich für die falsche Entscheidung, die Gottesdienste in die Schule zu verlegen, verantwortlich gewesen. Und die unterschwellige Unruhe, die in der Folge so viele Menschen dazu brachte, die Gemeinde zu verlassen, war auch von mir ausgegangen.

Die Reaktion beider Gruppen war eine Mischung aus Schock, Traurigkeit und Erleichterung. Doch mehr als alles andere reagierten sie mit Liebe. Die Erleichterung, die sie verspürten, hing damit zusammen, dass nun vieles einen Sinn ergab. Sie hatten gesehen, wie viele Menschen die Gemeinde verließen, und sie hatten gemerkt, dass etwas nicht stimmte, ohne genau sagen zu können, was.

Anstatt mich zu verurteilen, waren sie gnädig mit mir. Als ich ihnen sagte, dass ich eine Pause brauchte, fragten sie mich verständnisvoll: »Wie viel Zeit brauchst du?«

Ich stehe für immer in ihrer Schuld.

Ich sagte ihnen, dass ich 40 Tage frei bräuchte. Eine gute, biblische Zahl. 80 wären besser gewesen – in der Tat doppelt so gut –, aber ich hatte nicht den Mut, darum zu bitten. Die 40 Tage sollten nach dem ersten Sonntag im neuen Jahr beginnen.

Sonntag, der 1. Januar 2006, war der absolute Tiefpunkt in meinem Leben als Pastor – und der Tag, an dem ich das Schlimmste tat, was ich in dieser Rolle jemals getan habe.

Ich fand einen Sündenbock.

Die Gemeinde wusste, dass ich meine 40-tägige Sabbatzeit beginnen würde, sobald die Gottesdienste vorbei waren. Nachdem ich an jenem Vormittag gepredigt hatte, bat ich den Lobpreisleiter in mein Büro. Ich ließ ihn wissen, dass ich nach einem neuen Lobpreisleiter Ausschau halten würde, sobald ich zurück wäre. Ich wusste, dass ich einen Fehler machte, während ich mit ihm redete – insbesondere, was den Zeitpunkt betraf. Ich *sagte* ihm sogar, dass mir bewusst sei, dass es falsch war, was ich tat. Doch ich tat es trotzdem. Noch immer weiß ich nicht, warum. Zu jener Zeit liefen viele Dinge in der Gemeinde schief, einschließlich einiger Dinge im Lobpreisteam, aber die Probleme, die mit ihm zusammenhingen, waren viel kleiner als diejenigen, die mit mir zusammenhingen.

Dann verließ ich das Gemeindegebäude und sprach mehr als fünf Wochen lang weder mit ihm noch mit irgendjemandem sonst aus der Gemeinde.

Ich bin immer noch wütend auf mich selbst wegen dem, was ich ihm an jenem Tag antat. Ich habe viel länger gebraucht, um mir selbst zu vergeben, als er brauchte, um mir zu vergeben. In den folgenden fünf Wochen leitete er im Gottesdienst den Lobpreis, ohne der Gemeinde zu sagen, was ich ihm angetan hatte. Unter der Leitung von Gary Garcia, mit dem ich inzwischen seit über 20 Jahren zusammenarbeite, sprangen er und die anderen Angestellten sowie ehrenamtliche Leiter für mich ein. Sie dienten den Menschen, beteten für mich und fragten sich, was passieren würde, wenn die 40 Tage vorbei wären.

Was mich betraf, so war ich entschlossen, mir in dieser Zeit keine Gedanken über die Gemeinde zu machen und noch nicht einmal an dem Gebäude vorbeizufahren. Und daran hielt ich mich auch. Manchmal musste ich mir auf dem Nachhauseweg interessante Strecken ausdenken, um nicht an der Gemeinde vorbeizufahren – was besonders schwierig ist, wenn man versucht, nicht an sie zu denken –, aber ich schaffte es. 40 Tage lang habe ich das Grundstück nicht gesehen.

Während dieser Zeit fuhr ich zum *Center for Individual and Family Therapy* (CIFT). Dort half Dr. Jim Masteller mir, einige schwierige Erkenntnisse über mich selbst zu gewinnen.

Als Erstes arbeiteten wir daran, was genau das Problem war. In den ersten paar Sitzungen stellte er einfach viele Fragen. Er half mir zu erkennen, was ich eigentlich wollte – nicht nur, was ich problematisch fand. Ich weiß nicht mehr, was genau mich dazu bewogen hat, aber ich erinnere mich noch ganz genau daran, wie ich schließlich verzweifelt rief: *»Ich will einfach wieder neu in Jesus verliebt sein!«*

Das wurde unser Ziel. Schnell entdeckten wir, dass es nur einen einzigen Weg dorthin gab: Ich musste meinen Zorn gegenüber Gott loslassen – darüber, dass er mich offensichtlich im Stich gelassen hatte. Der erste Schritt in diesem Prozess, sagte Jim, sei es, Erfolg neu zu definieren.

Gott hatte mich nicht im Stich gelassen. Ich sollte niemand anders sein als der, der ich war. Und ich sollte nirgendwo anders sein als dort, wo ich war. Gott hatte mich so gemacht, wie ich bin, und er hatte mich dort hingestellt, wo ich war. Ich würde niemals versöhnt mit mir selbst leben können, bis ich mich nicht mit dieser Tatsache versöhnt hatte.

Erfolg neu definieren. Als er dies zum ersten Mal ansprach, sträubte sich alles in mir dagegen. Ich wandte ein, dass »Erfolg neu definieren« nur ein Euphemismus sei für »sich mit weniger begnügen«. Doch er wusste, dass dies nicht stimmte. Jim, der früher selbst Pastor gewesen war, hatte erkannt, dass meine Definition von einem erfolgreichen Dienst unbiblisch und ungesund geworden war. Gott hatte mich davor beschützt, ein unbiblisches Ziel zu erreichen, das ich mir selbst gesetzt hatte. Mein Versagen, dieses Ziel zu erreichen, war kein Problem, sondern ein Segen.

Dr. Masteller sagte mir nicht, wie eine neue Definition von Erfolg aussehen würde. Das würde ich selbst herausfinden müssen. Dies war wirklich eine Wüstenzeit für mich – teilweise im wahrsten Sinne des Wortes, da ich eine Woche lang durch die Wüstenlandschaft des *Joshua Tree National Park* wanderte. Als die 40 Tage vorüber waren, wusste ich, dass er recht hatte. Ich war noch nicht gesund, aber ich war auf dem richtigen Weg und hatte das Handwerkszeug, das ich brauchte, um wieder gesund zu werden.

Drei Tage vor dem ersten Sonntag, an dem ich wieder in der Gemeinde sein sollte, bekam ich einen Anruf von einem der Ältesten. Sie hatten vor, sich an jenem Abend zu treffen, und fragten mich, ob ich dazukommen würde. Nervös fuhr ich zu dem Treffen hin. Ich hatte keine Ahnung, was mich erwartete.

Wir begrüßten uns mit einem verlegenen, aber ehrlichen Lächeln und einer ebensolchen Umarmung. Dann saßen wir im Wohnzimmer des Gastgebers und einer von ihnen begann mit einem Gebet. Sie kamen sofort zum Punkt. »Pastor«, sagte einer von ihnen, »wir wollten heute Abend aus zwei Gründen mit dir reden. Das Erste, was wir wissen wollen, ist: Sind die 40 Tage genug? Oder brauchst du mehr Zeit? Denn falls du mehr Zeit brauchst, dann werden wir einen Weg finden, um dies möglich zu machen.«

Ich war platt. Und dankbar.

Ich hätte sie um weitere 40 Tage bitten sollen, aber ich tat es nicht. Ich sagte ihnen, dass ich bereit wäre, am folgenden Sonntag zurückzukommen.

»Gut«, sagte der Älteste. »Wir hatten gehofft, dass du das sagen würdest. Der zweite Grund, aus dem wir uns heute mit dir treffen wollten, spielt jetzt keine Rolle mehr. Wir hätten dich gefragt, ob du überhaupt vorhast zurückzukommen oder ob du für immer gehst. Falls du geplant hättest zu gehen, hätten wir versucht, dich zum Bleiben zu bewegen. Nun ist das Einzige, was wir noch auf dem Herzen haben, dich zu Hause willkommen zu heißen.«

»Eigentlich gibt es doch noch eine Sache, über die wir reden sollten«, meinte ein anderer aus dem Kreis. »Du solltest dich so bald wie möglich mit unserem Lobpreisleiter versöhnen.«

Das Herz schlug mir bis zum Hals. *Sie wussten es!*

Dann wurde mir klar, was das bedeutete. Sie wussten, was ich getan hatte, und versuchten auch nicht, es schönzureden. Dennoch wollten sie mir helfen und mich als Pastor behalten.

Gnade ist etwas Wunderbares!

Die Person bot an, mich zu meinem Gespräch mit dem Lobpreisleiter zu begleiten, falls ich emotionalen Beistand bräuchte. Ich nahm das Angebot an. Die Tage, in denen ich versucht hatte, mit allen schwierigen Situationen allein fertigzuwerden, waren vorbei. Wir trafen uns am folgenden Abend im Haus des Lobpreisleiters. Ich sagte ihm und seiner Frau, wie sehr ich bereute, was ich getan hatte, und bat die beiden um Vergebung. Sie akzeptierten meine Entschuldigung und vergaben mir vollständig. Doch da sie bereits Pläne für die Zukunft gemacht hatten, verließen sie die Gemeinde kurze Zeit später trotzdem. Er und seine Frau gehören noch immer zu unseren Freunden und wir freuen uns, wenn wir uns auf Geburtstagsfeiern oder zu anderen Anlässen begegnen.

Bis heute bewundere ich das, was er tat, zutiefst: Während der 40 Tage, die ich weg war, führte er eine verletzte Gemeinde in heilsame Anbetung – ohne irgendjemandem außerhalb des Leitungsteams zu sagen, was ich ihm angetan hatte. Und wie sich herausstellte, hat er es auch dem Leitungsteam nur anvertraut, weil sie nachgefragt hatten. Das spricht für seinen integren Charakter und ist ein weiteres Beispiel für Gottes Gnade in Aktion.

Gerne hätte ich gesagt, dass die Dinge in der Gemeinde ab sofort wieder besser liefen, doch das war nicht der Fall. Viele von denen, die während der Krise geblieben waren, fühlten sich nun frei zu gehen – darunter auch einige der Ältesten, die so gnädig mit mir gewesen waren. Manche verließen die Gemeinde, nachdem bekannt geworden war, was ich dem Lobpreisleiter angetan hatte – obwohl er sie bat, nicht zu gehen.

Ich kann verstehen, warum sie gingen. Ich hatte ihnen viele Gründe dafür gegeben – und nur wenige Gründe zu bleiben. Sie verließen nicht so sehr die Gemeinde als vielmehr mich. Ich hätte mich auch verlassen.

Zu denen, die blieben, beteten und mit mir durch diese harte Zeit gingen, habe ich nur eins zu sagen (und ich weiß, es ist auch nicht annähernd genug): Danke!

Anders denken

Pastoren reden viel darüber, dass die Gemeinde eine Familie ist. Während der folgenden gut zwei Jahre des Wiederaufbaus *lebten* wir, was wir im Innersten, vom geistlichen Standpunkt aus betrachtet, waren.

Nach und nach lernte ich, mir keine Sorgen darüber zu machen, wie viele Leute sonntags in den Gottesdienst kamen. Ich war einfach froh, dass sie da waren und dass sie mir erlaubten, ihr Pastor und ihr Freund zu sein.

Bald schon hatte ich mehr gute Tage als schlechte Tage, emotional wie auch geistlich. Nach einer Weile gewann die Gemeinde wieder Boden unter den Füßen. Ja, auch die Zahl der Gottesdienstbesucher stieg leicht an, aber vor allem war ein Aufbruch zu spüren. Wir sorgten uns nicht um den nächsten Schritt, sondern wir waren zufrieden damit, das zu genießen, was wir hatten. Die Menschen waren wieder von ihrer Gemeinde begeistert und luden gerne Freunde ein. Ich war gesund – und die Gemeinde auch.

Anfang 2008 bemerkte ich in einem Mitarbeitertreffen, dass erneut einige alte Gewohnheiten mein Denken beeinflussten. Ich machte mir darüber Gedanken, wie wir mehr Gottesdienstbesucher werben konnten und welche Strategien wir aus dem Buch anwenden sollten, das ich zuletzt gelesen hatte. Da hielt ich inne, schaute meine Mitarbeiter an und sagte: »Wir müssen aufhören, wie eine große Gemeinde zu denken!«

Im nächsten Kapitel werde ich ausführlicher erklären, was ich damit meine. Vorerst möchte ich nur Folgendes sagen: An jenem Tag veränderte sich die Perspektive, aus der ich meinen Dienst in der Gemeinde betrachtete. An jenem Tag entdeckte ich, dass ich Pastor einer kleinen Gemeinde war. Und an jenem Tag wurde der Dienst der *Neuen Kleinen Gemeinden* (NewSmallChurch.com) geboren.

KAPITEL 3

HÖRT AUF, WIE EINE GROSSE GEMEINDE ZU DENKEN!

Der Ansatz der Gemeindewachstumsbewegung ist ungefähr folgender:

- *Der Auftrag der Gemeinde besteht darin, Menschen für Jesus zu erreichen.*
- *Es ist besser, mehr Menschen für Jesus zu erreichen als weniger.*
- *Gemeinden, die mehr Menschen für Jesus erreichen, haben mehr Menschen, die ihre Veranstaltungen besuchen, und werden große Gemeinden.*
- *Um eine große Gemeinde zu werden, muss man wie eine große Gemeinde denken.*

Am Höhepunkt der Gemeindewachstumsbewegung gab es keine Strategie, die öfter wiederholt und fester geglaubt wurde, als diese: *Denkt wie eine große Gemeinde!* Ich hörte diesen Appell überall. Ich gab ihn auch an meine leitenden Mitarbeiter weiter.

Doch diese Strategie war der Hauptgrund für einige meiner größten Fehler.

Ein kleiner Kurswechsel ...

Ehe ich zu tief in dieses Kapitel einsteige, möchte ich dem vorigen Kapitel noch ein PS, einen Nachsatz, anfügen.

Es ist an der Zeit, damit aufzuhören, Rick Warren die Schuld zu geben.

Vor Kurzem habe ich das Buch *Kirche mit Vision* noch einmal gelesen. Es mit reiferen Augen zu lesen, hat mir geholfen zu verstehen, was damals geschah: Die Wirkung, die dieses Buch auf mich hatte, als ich es zum ersten Mal las, basierte nicht auf dem, was der Autor *geschrieben* hatte, sondern auf dem, was ich *hineingelesen* hatte. Rick Warren hat niemals behauptet, dass alle Gemeinden groß sein sollten oder dass sie unweigerlich groß werden würden, wenn sie die in diesem Buch dargelegten Prinzipien beherzigten. Er widmete das Buch sogar den hart arbeitenden Pastoren, die nebenbei noch einen anderen Job hatten, und nannte sie »die wahren Helden des Glaubens«. Sein Anliegen in dem Buch ist es, dass jede Gemeinde für sich herausfindet, was Gottes Ziel für sie ist, und dann ihren Dienst nach diesem Ziel ausrichtet. Und damit hat er recht.

> **Jede Gemeinde muss für sich herausfinden, was Gottes Ziel für sie ist, und ihren Dienst danach ausrichten.**

Diese Botschaft wird verdreht, wenn die Menschen, die sein Buch lesen und seine Seminare besuchen (einschließlich mir), dies mit dem Wissen tun, wie groß seine Gemeinde ist und welchen Einfluss sie hat. Wir erwarten, dass sein Buch uns das Geheimnis verrät, wie wir diesen Erfolg kopieren können. Und wir finden immer, was wir suchen, auch wenn es gar nicht da ist, nicht wahr?

Wenn Rick Warren anhand von Beispielen veranschaulicht, wie man die Prinzipien einer *Kirche mit Vision* anwendet, nimmt er Beispiele aus seinem eigenen Leben und Dienst – so wie ich. Der einzige Grund, warum seine Beispiele die einer Megachurch sind, ist der, dass er Pastor einer Megachurch *ist*.

Ich bin Rick Warren nie begegnet und es ist auch nicht so, dass er meine Unterstützung oder Zustimmung benötigen würde. Ich sage noch nicht einmal, dass ich in allen Dingen mit ihm übereinstimme, was in späteren Kapiteln deutlich werden wird. Doch ich denke, dass Pastoren ihm für seine Großzügigkeit danken und aufhören sollten, ihm die Schuld für das zu geben, was wir fälschlicherweise in seine wertvollen Botschaften hineingelesen haben. Nur wenige Pastoren (wenn überhaupt) haben ihre Ideen und Prinzipien so fröhlich und großzügig der Öffentlichkeit zur Verfügung gestellt wie er.

Wo war ich stehen geblieben? Ach ja ...

Hören wir auf damit, wie eine große Gemeinde zu denken!

Sollte jeder Pastor ein »Rancher« sein?

In den letzten Jahrzehnten wurde als geläufigste Illustration, was es bedeutet, wie eine große Gemeinde zu denken, das »Hirte-Rancher-Modell« bemüht. Im »Hirtenmodell« kümmert sich der Pastor um jedes Schaf persönlich. Im »Ranchermodell« bildet der Pastor eine Gruppe von Unterhirten aus, die sich um die alltäglichen Belange der Gemeindemitglieder kümmern, während sich die Hauptaufgabe des Pastors dahin verlagert, dass er die Unterhirten beaufsichtigt.

Im Ranchermodell ist es manchmal nötig, Prioritäten zu setzen, die auf den ersten Blick verwundern mögen. Wenn die Zahl der Opfer auf dem Schlachtfeld immer größer wird, mag ein Arzt, der an den Verwundeten vorbeigeht und seine Zeit mit den Gesunden verbringt, gefühllos erscheinen. Doch die Gesunden, mit denen er seine Zeit verbringt, sind Sanitäter, Krankenschwestern und andere Ärzte. Er tut dies, um diese Menschen anzuleiten, auszubilden und Informationen weiterzugeben. Er setzt diese Prioritäten, damit insgesamt mehr Menschen mit größerer Effektivität geholfen werden kann.

In einer großen Gemeinde ist das Ranchermodell sinnvoll. Eine einzige Person kann sich unmöglich um Tausende von Menschen persönlich kümmern. Ein gut ausgebildetes Team von Mitarbeitern und Ehrenamtlichen ist in jeder Hinsicht notwendig.

Doch wenn der Pastor einer kleinen Gemeinde damit aufhört, Menschen im Krankenhaus zu besuchen oder gastfreundlich zu sein, und diese Aufgaben anderen überträgt, dann fühlen sich die Gemeindemitglieder vernachlässigt und unwichtig.

Sie fangen an, sich nach einer neuen Gemeinde umzuschauen. Ich weiß das, denn ich habe es selbst erlebt.

Ich bin nicht der Einzige, der diese Erfahrung gemacht hat. Ich habe mit vielen entmutigten Pastoren gesprochen, deren Geschichten ähnlich waren wie meine. Sie haben das Ranchermodell ausprobiert, nur um herauszufinden, dass ihre Gemeindemitglieder sich vernachlässigt fühlten.

Dieses Gefühl der Vernachlässigung ist verständlich. Schließlich hat Jesus zu Petrus gesagt: »Weide meine Schafe!« und nicht: »Kümmere dich um meine Ranch!«. Das Ranchermodell besagt, dass unser Hauptaugenmerk nicht mehr darauf liegen sollte, sich selbst zu kümmern, sondern ein Fürsorgesystem zu entwickeln und am Laufen zu halten. Dabei gibt es nur ein klitzekleines Problem. Ein Freund von mir, der ebenfalls Pastor ist, drückte es so aus: »Die Leute wollen einen Pastor, keinen geistlichen Manager.«

Die Leute wollen einen Pastor, keinen geistlichen Manager.

Das Ranchermodell macht das Leben eines Pastors auch nicht automatisch leichter oder produktiver. Viele von uns, die wir das Ranchermodell ausprobiert haben, fühlten sich unerfüllt und ineffektiv, denn während unser Herz eigentlich dafür schlug, sich persönlich um Menschen zu kümmern, verwendeten wir unsere Zeit hauptsächlich auf Leitertraining, Promotion und Verwaltungsaufgaben.

Ich bin nicht dazu berufen, Systeme zu managen. Ich bin dazu berufen, mich um Menschen zu kümmern.

Nur sehr wenige Pastoren gehen in den geistlichen Dienst, weil sie sich berufen fühlen, ein System zu entwickeln und zu managen – ganz zu schweigen von der Erwartung, sich überhaupt nicht mehr persönlich um Menschen zu kümmern. Und fairerweise muss man sagen, dass auch die Befürworter des Ranchermodells nicht der Meinung sind, dass der Pastor die persönliche Begleitung von Menschen ganz und gar aufgeben sollte. Sie meinen nur, dass dies nicht seine oberste Priorität ist. Seine wichtigste Aufgabe sollte die Ausbildung von anderen sein.

Ich bin auch der Meinung, dass die Zurüstung anderer zum Dienst und das Delegieren von Aufgaben eine höhere Priorität in der Jobbeschreibung eines Pastors haben sollte, als dies oft der Fall ist. Das können wir schon von Mose lernen.

Das wichtigste biblische Argument für das Ranchermodell stammt aus der Geschichte von Mose und seinem Schwiegervater Jitro. Der beobachtete nämlich, wie Mose von morgens bis abends hart arbeitete, um allein für das gesamte Volk Israel Recht zu sprechen. Dies war weder für Gott hilfreich noch für Mose oder für das Volk. Deshalb überlegte sich Jitro einen Plan, der weitaus besser funktionierte: Mose sollte Arbeit delegieren.

Das Ranchermodell funktioniert. Zu behaupten, dass das Delegieren von Aufgaben und das Zurüsten anderer unnötig sei, wäre unbiblisch, töricht und wahrscheinlich auch egozentrisch. Schließlich hat selbst der Apostel Paulus gesagt, dass die »Ausrüstung der Heiligen für das Werk des Dienstes« (Epheser 4,12) eine der Hauptaufgaben von Pastoren sei. Das klingt für mich nach delegieren.

Doch Jesus lebte und lehrte vor allem das Hirtenmodell, nicht das Ranchermodell. Zum Beispiel sagte er nach seiner Auferstehung dreimal zu Petrus: »Weide meine Schafe« bzw. »Weide meine Lämmer« und »Hüte meine Schafe«. Das deutsche Wort »Pastor« hängt mit dem Hirtenvokabular zusammen, das Jesus hier verwendet.

Es stimmt also, dass sowohl das Hirten- als auch das Ranchermodell in der Bibel vorkommen. Doch wenn wir ehrlich sind, müssen wir zugeben, dass wir das meiste von dem, was wir über das Ranchermodell lehren, nicht aus der Bibel haben. Die Konzepte kommen aus der Geschäftswelt und vom Militär. Es ist kein Zufall, dass viele Megagemeinden nach dem Zweiten Weltkrieg und den Jahren des Wiederaufbaus entstanden sind. Megagemeinden übernahmen einfach viele erfolgreiche Strategien, mit denen der Krieg gewonnen und Nationen wiederaufgebaut wurden.

Natürlich ist es in Ordnung, außerbiblische Methoden anzuwenden. Jitro war Priester in Midian, nicht in Israel. Trotzdem lernte Mose von seinem weisen Rat. Und die Tatsache, dass Jesus niemals direkt auf das Ranchermodell Bezug nahm, bedeutet nicht, dass wir es nicht nutzen können.

Doch insgesamt tendiert die Bibel zum Hirtenmodell. Allein dieser Befund sollte uns innehalten lassen, ehe wir eine Methode über Bord werfen, die für Jesus die erste Wahl war.

Bedenken Sie auch, dass Jesu Gleichnis vom verlorenen Schaf im Ranchermodell ganz anders aussähe: Der Rancher wäre nicht losgezogen, um das fehlende Schaf selbst zu finden, sondern er hätte einen Unterhirten geschickt, dem er vorher gezeigt hätte, wie man es macht. Natürlich ist die Hauptsache, *dass* das verlorene Schaf gefunden wird, und nicht, *wer* es findet – und letztlich ist es sowieso Jesus, der es findet. Aber solche Geschichten erinnern uns an einen wichtigen Grundsatz: Pastoren, die sich dazu berufen wissen, für andere Menschen ein Hirte zu sein, sollten nicht das Gefühl haben, sich für diese Entscheidung rechtfertigen zu müssen.

Jesus hat niemals aufgehört, ein Hirte zu sein, obwohl er sich oft um große Menschenmengen kümmerte. Ja, manchmal hat er das Ranchermodell benutzt, zum Beispiel, als er die Siebzig aussandte, um zu predigen, und sich später von ihnen Bericht erstatten ließ. Oder als er seine Jünger anwies, Essen an über 5.000 hungrige Menschen zu verteilen. Aber was seinen Dienst vor allem prägte, war die Rolle des Hirten.

Da Jesus ständig das Hirtenmodell gelehrt und gelebt hat, aber nur gelegentlich das Ranchermodell, sollte das Hirtenmodell nicht auch für uns der Normalzustand sein?

Selbst wenn Sie der Aussage zustimmen, dass das Ranchermodell die beste Methode ist, um eine große Gemeinde aufzubauen und zu leiten, dann bedeutet das noch lange nicht, dass es die beste Methode für eine *Neue Kleine Gemeinde* sein muss. Doch schauen Sie sich mal die Bücher und Konferenzen an, die das Ranchermodell befürworten. Geben wenigstens einige von ihnen zu, dass es möglicherweise nicht die beste Methode für eine kleinere Gemeinde ist? Nicht dass ich wüsste.

Zweifellos sollten wir das Ranchermodell verwenden, wenn dies angemessen und nötig ist. Doch ich bin immer noch auf der Suche nach einem Buch oder einer Konferenz, die das Ranchermodell lehrt und darauf hinweist, dass wir es uns gründlich überlegen sollten, ehe wir das Hirtenmodell vollständig über Bord werfen.

Warum ist das Ranchermodell in unseren Trainingsangeboten für Pastoren so dominant? Weil immer angenommen wird, dass jemand mit Vision automatisch eine große Gemeinde bauen wird. Je früher wir also das Ranchermodell übernehmen, desto früher wird auch das unvermeidliche Wachstum stattfinden.

Diesem Ranchermodell kehrte ich den Rücken zu, als ich meinen Mitarbeitern mitteilte, dass wir aufhören würden, wie eine große Gemeinde zu denken. An dem Tag trafen wir eine bewusste Entscheidung: Wir wollten nie wieder zulassen, uns von vermeintlich allgemeingültigen geistlichen Wahrheiten dazu drängen zu lassen, Systeme zu managen, statt uns um Menschen zu kümmern.

Die Ausbildung anderer darf nicht dazu führen, dass wir die persönliche Betreuung von Menschen vernachlässigen.

Das bedeutet nicht, dass wir damit aufhörten, andere zum Dienst zuzurüsten. Wir gaben uns damit sogar doppelt so viel Mühe. Es bedeutete jedoch, dass die Ausbildung anderer nicht dazu führen durfte, dass wir die persönliche Betreuung von Menschen vernachlässigten.

In einer Megachurch muss der Pastor vielleicht wirklich damit aufhören, sich persönlich um Gemeindemitglieder zu kümmern, um den Bedürfnissen der Gemeinde gerecht zu werden und die notwendigen Systeme zu managen. In einer kleinen Gemeinde kann und sollte der Pastor beides tun.

Der wahre Preis der Megachurch

Große Gemeindesysteme funktionieren in großen Gemeinden. Doch auch dann, wenn sie funktionieren, ist es wichtig, dass den Gemeindemitgliedern Folgendes bewusst ist: Bei all den Dingen, die gewonnen werden, wenn eine Gemeinde wächst, gibt es unweigerlich auch einen Preis, der gezahlt wird.

In der Kleingruppe, die meine Frau und ich bei uns zu Hause leiten, benutzte ich einmal eine DVD-Serie von einem bekannten Pastor einer Megachurch. Dieser Pastor sagte etwas, das mir seltsam vorkam und mich aufrüttelte. Er stand im Foyer seiner Gemeinde und sagte: »Tausende von Menschen gehen jedes Wochenende durch diese Türen und manchmal komme ich tatsächlich ins Foyer und schaue einfach zu, wie die Leute hereinströmen ... Ich liebe diese Menschen. Sie gehören zu den Menschen, die ich mehr als jeden sonst auf der Welt liebe.«

Wirklich?, dachte ich. Er liebt die Menschen in seiner Gemeinde so sehr, dass er tatsächlich *ins Foyer kommt, um sie zu beobachten?*

Ich bezweifle nicht, dass dieser Pastor seine Gemeinde liebt und unsere Kleingruppe hat sehr von seinem Buch und seiner DVD-Serie profitiert. Aber können Sie sich jemanden vorstellen, der einen anderen »mehr als jeden sonst auf dieser Welt« liebt und dann damit zufrieden ist, dieser Person einfach zuzuschauen? Und das dann als Beweis dafür anführt, wie sehr er sie liebt? Außer vielleicht eine Berühmtheit, die von ihren Fans spricht? Dieser Pastor setzt sich nicht hin und redet mit den Mitgliedern seiner Gemeinde, wenn sie sonntags zum Gottesdienst kommen. Er kann das gar nicht. Es sind zu viele. Stattdessen muss er sich damit zufriedengeben, ihnen zuzuschauen.

Er tat mir leid. Wahrscheinlich lese ich meine eigenen Gefühle in die Szene hinein, aber ich spürte Traurigkeit in seinen Worten.

Das gehört zu dem Preis, den Pastoren einer Megachurch bezahlen müssen. Ich glaube, es ist ein hoher Preis und es kostet sie mehr, als den meisten Menschen bewusst ist. Ich bin ihnen dankbar, dass sie dieses Opfer bringen, denn ich weiß nicht, ob ich emotional und geistlich gesund bleiben könnte, wenn ich aufgerufen wäre, das gleiche Opfer zu bringen. Eigentlich zeigt meine Geschichte, dass ich es nicht könnte.

Wir brauchen Megagemeinden. Aber wir müssen den Rat Jesu befolgen, ehe wir immer größere und größere bauen. Wir müssen die Kosten überschlagen. Und diese Kosten sind höher als die rein finanziellen – viel höher. Der wahre Preis ist der menschliche. Und niemand bezahlt diesen Preis mehr als die Pastoren der Megagemeinden – außer vielleicht ihre Ehepartner und Kinder. Es ist so, wie ein Megachurch-Pastor einmal auf Twitter geschrieben hat: »Dein Pastor ist vielleicht der einsamste Mann in deiner Gemeinde. Und wenn du nicht selbst der Pastor bist, macht dieses Statement vermutlich wenig Sinn für dich.« Dieses Gefühl betrifft nicht nur Pastoren einer Megachurch, aber ich denke, es ist bemerkenswert, dass es ein Megachurch-Pastor war, der das Bedürfnis hatte, es zu twittern.

Ehe Rob Bell zu einer Art Blitzableiter wurde wegen seiner Lehre über die Existenz bzw. Nichtexistenz der Hölle, war er ein Pastor, der über die emotionalen und geistlichen Kosten eines rasanten Gemeindewachstums schrieb. Er beschrieb die Panik, die ihn dazu geführt hatte, sich eines Sonntagmorgens im Vorratsraum seiner Gemeinde zu verstecken und innerlich mit sich zu ringen, ob er wirklich vor die Gemeinde treten sollte. Was war das Problem? Seine junge Gemeinde hatte ein beispielloses, spontanes Wachstum erlebt und er war nicht darauf vorbereitet gewesen.

Ich muss zugeben: Als ich Rob Bells Bericht zum ersten Mal las, war meine erste Reaktion nicht gerade mitfühlend, auch wenn seine Ehrlichkeit entwaffnend war. Vielmehr dachte ich: *Tut mir leid, Rob, aber es fällt mir schwer, mich mit dem Trauma zu identifizieren, zu schnell zu erfolgreich zu sein. Melde dich wieder bei mir, wenn du ein paar Jahre hinter dir hast, in denen du mit dem Kopf gegen die Wand gelaufen bist bei dem Versuch, neue Leute in den Gottesdienst zu bekommen, oder in denen du viele Gemeindemitglieder verloren hast. Damit kann ich mich identifizieren.*

Dieser Teil von Rob Bells Geschichte klang in meinen Ohren etwas zu wehleidig. Inzwischen denke ich anders darüber. Die Geschichte der Kirche zeigt, dass es schwerer ist, Christus in Zeiten des Erfolgs zu dienen als in Zeiten des Scheiterns.

Man sagt, wer im geistlichen Dienst langfristig erfolgreich sein will, sollte mit drei Bereichen äußerst verantwortungsvoll umgehen: Sexualität, Geld und Ruhm. Das klingt vielleicht ein bisschen altmodisch, aber es beruht auf Erfahrung.

Es kommt jede Menge Ruhm auf einen Pastor zu, wenn Tausende von Menschen jede Woche kommen, um still auf ihren Plätzen zu sitzen und jedem Wort zu lauschen, das er zu sagen hat. Nicht jeder kommt damit klar. Einige Pastoren werden vorübergehend so verzagt, wie Rob Bell es beschrieben hat. Andere dauerhaft. Wieder anderen steigt es zu Kopf und sie fangen an zu glauben, sie verdienten all die Lorbeeren. Und schließlich gibt es welche, die meinen, da sie ja so gut mit dem Ruhm umgehen könnten, brauchten sie auch keine Umsicht in den Bereichen Sexualität/Beziehungen und Geld walten zu lassen. Die Kirchengeschichte ist voll von Skandalen, zu denen solch ein verdrehtes Denken geführt hat – und dem Schaden, der damit einhergeht.

Das ist einer der Gründe, warum ich so viel Respekt vor Pastoren von Megagemeinden habe, die genug Selbstkontrolle und Demut besitzen, um gesunde Megagemeinden über Jahrzehnte hinweg zu leiten.

Pastor einer gesunden Megachurch zu sein, ist eine besondere, seltene Gabe. Ich habe gelernt, dafür dankbar zu sein, dass ich diese Last nicht tragen muss.

Klein, groß, mega – gibt es sonst nichts?

Bevor wir fortfahren, sollten wir einige Begriffe definieren. Klingt spannend, oder? Halten Sie durch! Diese Dinge sind wichtig. Ich mache es so schmerzfrei wie möglich, versprochen.

Wenn wir zwischen kleinen, großen und Megagemeinden unterscheiden, was meinen wir eigentlich damit?

Zahlenmäßig sind die Übergänge zwischen diesen Gemeindegrößen relativ fließend, aber an folgende Zahlen denke ich, wenn ich diese Begriffe benutze:

- Hausgemeinde: weniger als 25 (die sich in einem privaten Zuhause treffen)
- kleine Gemeinde: 25–350 (oder weniger als 25, die sich in einem Gemeindegebäude treffen)
- große Gemeinde: 350–2.000
- Megagemeinde: über 2.000

In manchen Kategorien kann man noch weitere Unterscheidungen treffen. Zum Beispiel gibt es zwei deutlich verschiedene Größen bei den kleinen Gemeinden. Eine typische kleine Gemeinde hat 25 bis 200 Gottesdienstbesucher, während man Gemeinden mit 200 bis 350 Gottesdienstbesuchern auch als mittelgroß bezeichnen könnte.

Doch wie mit allem in der Gemeinde sind Zahlen nicht immer das beste Kriterium, um diese Unterscheidungen zu treffen. Mit unterschiedlichen Wachstumsstufen nehmen Gemeinden auch ein neues Gesicht an. Das bedeutet: Obwohl Gemeinden mit 200 bis 350 Gottesdienstbesuchern immer noch als klein gelten, haben sie doch ein anderes Wesen und eine andere Verwaltungsstruktur als Gemeinden mit 25 bis 200 Gottesdienstbesuchern.

Diese Veränderungen im Wesen einer Gemeinde eignen sich vielleicht besser, um die verschiedenen Größen zu definieren:

Hausgemeinde: funktioniert wie eine Familie; jeder macht überall mit.

- kleine Gemeinde: starke Kontrolle durch den Pastor; verschiedene Angebote richten sich vor allem an verschiedene Altersgruppen
- mittelgroße Gemeinde: einige Mitarbeiter werden eingestellt; Angebote sprechen unterschiedliche Interessen und Bedürfnisse an.
- große Gemeinde: programmorientierter; die geistliche Betreuung erfolgt durch eingestellte Pastoren und in Kleingruppen; in allen Angeboten wird eine sehr hohe Qualität erwartet
- Megagemeinde: funktioniert ähnlich wie eine Gruppe von kleinen Gemeinden, die jeweils spezielle Bedürfnisse erfüllen; sie versammeln sich unter einem gemeinsamen Namen und einem leitenden Pastor zu den Gottesdiensten am Wochenende; die meisten Mitglieder sehen den leitenden Pastor nicht außerhalb der Predigtzeit; der leitende Pastor fungiert als Leiter der leitenden Mitarbeiter, um die er sich hauptsächlich kümmert

Eine kleine Gemeinde hat durchschnittlich unter 350 Gottesdienstbesucher pro Woche. Doch wenn ich den Begriff »kleine Gemeinde« benutze, dann beziehe ich aus mehreren Gründen keine Hausgemeinden mit ein.

Erstens sind Hausgemeinden ein einzigartiger Teil des Gemeindelebens, der nach völlig anderen Prinzipien funktioniert als andere Gemeinden. Während ich sie schätze und dankbar bin, dass sie ihren Mitgliedern dienen – vor allem in Teilen der Welt, wo die Kirche im Untergrund arbeitet –, habe ich keine Erfahrung damit. Deshalb möchte ich mir nicht anmaßen, hier etwas über sie zu schreiben.

Zweitens gibt es bereits viele Bücher und Webseiten über Hausgemeinden – wie es auch umfangreiches Material darüber gibt, wie man eine Megachurch leitet. Mein Ziel ist es, die Gemeinden dazwischen anzusprechen. Denn obwohl sich die meisten Gemeinden genau in diesem Spektrum befinden, gibt es für sie nur wenig Unterstützung, Ermutigung oder Lehre.

KAPITEL 4

GRÖSSE NICHT VERACHTEN

»... wir waren in unsern Augen klein wie Heuschrecken und waren es auch in ihren Augen.« (4. Mose 13,33)
»Niemand verachte dich wegen deiner Jugend ...« (1. Timotheus 4,12)
»Größe bedeutet nichts. Sieh mich an. Nach meiner Größe beurteilst du mich, tust du das?« (Meister Yoda zu Luke Skywalker in »Star Wars – Das Imperium schlägt zurück«)

Ich habe zu viele Jahre damit verbracht, tollen Menschen zu sagen, dass die Art, wie sie Gemeinde bauen wollten, verkehrt wäre.

Diese Menschen waren keine Hindernisse oder Visionstöter. Nicht alle von ihnen. Die meisten von ihnen nicht.

Nicht sie waren vom »Heuschrecken-Denken« geprägt, sondern ich.

Sie waren Jesus-Nachfolger, die unsere Gemeinde besuchten, weil ihre geistlichen und emotionalen Bedürfnisse dort gestillt wurden. Und sie waren von der geistlichen Leitung, die sie dort erhielten, ausreichend inspiriert, um dies an andere weitergeben zu wollen.

Sie brauchten niemanden, der sie kritisierte, weil einer der wichtigsten Gründe, warum sie die Gemeinde anziehend fanden – nämlich ihre überschaubare Größe und persönliche Atmosphäre –, unangebracht wäre. Doch genau das habe ich ihnen gesagt. Durch unzählige subtile und weniger subtile Aussagen und Verhaltensweisen machte ich das mit ihnen, was man mit mir gemacht hatte. Ich gab ihnen das Gefühl, weniger wert zu sein, weil sie nicht »groß dachten«.

Wenn »groß« erfolgreich bedeutet, was bedeutet dann »klein«?

Große Dinge können inspirierend sein.

Sie können aber auch Furcht einflößend sein.

Als die israelitischen Männer das verheißene Land erkundeten, kamen sie alle mit demselben Bericht zurück. »Es ist ein tolles Land! Ein wohlhabendes Land! Ein riesiges Land!« Zwei von ihnen waren von der riesigen Größe inspiriert, die anderen hatten Angst.

Als Paulus Timotheus beauftragte, Pastor der gerade entstandenen Gemeinde in Ephesus zu sein, war Timotheus so jung, dass Paulus es als notwendig empfand, Timotheus daran zu erinnern, dass niemand ihn wegen seines Alters verachten dürfe.

Ich gebe es ungern zu, aber als Pastor einer kleinen Gemeinde habe ich es bei zahlreichen Anlässen zugelassen, dass ich mich eingeschüchtert und verachtet gefühlt habe von Pastoren großer Gemeinden. Die meisten Pastoren kleiner Gemeinden kennen dieses Gefühl. Wir leben in einer Kultur, die Größe mit Erfolg gleichsetzt. Deshalb begann jedes Buch, das ich über verschiedene Gemeindegrößen las, immer mit der gleichen Prämisse: Eine Gemeinde muss alle Hindernisse überwinden, die sie davon abhalten, das nächste Größen-Level zu erreichen. Immer weiter, immer größer.

Wir leben in einer Kultur, die Größe mit Erfolg gleichsetzt.

Eine amerikanische Statistik lautet: »Bei 100 Gottesdienstbesuchern ist Ihre Gemeinde größer als die von 60 Prozent Ihrer Kollegen, bei 140 größer als die von 75 Prozent, bei 200 größer als die von 80 Prozent, bei 350 größer als die von 93 Prozent und bei 500 größer als die von 95 Prozent.«

Also sind 93 Prozent aller amerikanischen Gemeinden klein (unter 350), während 80 Prozent *sehr klein* (unter 200) sind. Wenn Größe gleichzusetzen ist mit Erfolg, dann sind 93 Prozent aller Pastoren nicht erfolgreich, erfüllen ihre Aufgabe schlecht und sind ungeeignet für ihre Berufung, während 80 Prozent ihre Aufgabe *sehr* schlecht erfüllen – eine Kategorie, der ich gerade noch entgangen bin.

Also haben zwischen 80 und 93 Prozent aller Pastoren versagt? Kann das stimmen?

Nein. Die Hälfte aller Christen in Amerika und weit mehr als die Hälfte aller Christen weltweit besuchen eine kleine Gemeinde nicht aus Mangel an Alternativen, sondern weil sie es wollen. Und niemand hat das Recht, ihnen zu sagen, dass es falsch sei, so zu fühlen. Gott in einer kleinen Gemeinde anbeten und ihm dienen zu wollen, ist kein theologischer Irrtum und auch keine Persönlichkeitsschwäche. Es ist an der Zeit, dass wir damit aufhören, so zu tun, als wäre es so.

Wir werden uns in späteren Kapiteln noch einige der Gründe anschauen, warum die meisten Menschen lieber in eine kleine Gemeinde gehen als in eine große Gemeinde. Fürs Erste nehmen wir es einfach zur Kenntnis.

Das nächste Mal, wenn Sie als Pastor einer kleinen Gemeinde versucht sind, frustriert zu sein wegen der vielen Menschen, die an Ihrer Gemeinde vorbeifahren, um den Gottesdienst einer großen Gemeinde zu besuchen, denken Sie daran: Es gibt mehr Menschen, die an einer großen Gemeinde vorbeifahren, um eine kleine Gemeinde zu besuchen!

Ehe wir uns noch mehr mit diesen guten Nachrichten auseinandersetzen können, müssen wir uns anschauen, wie kleine Gemeinden und deren Pastoren von manchen gesehen werden. Wie ich bereits sagte, bin ich selbst für meine Minderwertigkeitsgefühle verantwortlich, aber sie sind auch nicht im luftleeren Raum entstanden.

Wer oder was prägt die Art und Weise, wie Pastoren über ihre kleine Gemeinde denken? Leider nicht die Menschen, die ihre Gemeinde besuchen und sie lieben, sondern Einstellungen, wie sie in den folgenden wahren Geschichten zum Ausdruck kommen.

Ist irgendetwas falsch daran, dass eine Gemeinde klein ist?

Vor Jahren besuchte ich eine Pastorenkonferenz, bei der der Hauptsprecher der Pastor einer Megachurch war. Nach zwei Tagen voller hilfreicher, inspirierender Ratschläge, wie man Gemeindewachstumsbarrieren überwinden könne (die vor allem anhand von Anekdoten über das spektakuläre Wachstum seiner eigenen Gemeinde veranschaulicht wurden), gab er dem Publikum die Gelegenheit, Fragen zu stellen.

Eine der ersten Fragen kam von dem Pastor einer kleinen Gemeinde, die um ihr Überleben kämpfte. »Ich habe in den letzten Tagen viele gute Dinge darüber gehört, wie man Hindernisse überwinden und die Besucherzahl einer Gemeinde erhöhen kann«, sagte er. »Und ich versuche seit Jahren, diese Prinzipien in meiner Gemeinde anzuwenden. Aber was ich mich frage, ist: Ist denn irgendetwas verkehrt daran, dass eine Gemeinde klein ist?«

»Nein«, antwortete der Megachurch-Pastor. »Nicht in den ersten zwei Wochen.«

Der Pastor der kleinen Gemeinde lachte verlegen und wartete darauf, dass der Megachurch-Pastor lächeln und »War nur Spaß!« sagen oder seine Aussage näher erläutern würde. Doch das tat er nicht. Der Pastor der kleinen Gemeinde drehte sich um und ging. Eine andere Person trat ans Mikrofon und stellte die nächste Frage. Die Konferenz ging weiter, als wäre nichts geschehen.

Etwa ein Jahr nach diesem Wortwechsel war ich bei einer Konferenz, bei der es eine Diskussion über Pastoren und das Geben des Zehnten gab. Manche fanden, dass der Zehnte des Pastors vollständig seiner Gemeinde gehörte. Andere vertraten die Ansicht, dass es in Ordnung sei, wenn der Pastor einen Teil seines Zehnten oder auch den gesamten Betrag an seine Denomination spendete. Diese Ansicht gründete sich auf die Prämisse, dass die Denomination die geistliche Autorität eines Pastors ist, ähnlich wie der Pastor die geistliche Autorität der Gemeindemitglieder ist.

Ein Teilzeitpastor argumentierte, dass der zehnte Teil seines Pastorengehaltes an die Denomination gehen könne, doch der zehnte Teil seines Gehaltes aus seiner säkularen Arbeit gehöre allein der Gemeinde. Unter anderem begründete er seine Einstellung damit, dass seine kleine, einkommensschwache Gemeinde ohne den Zehnten aus seiner säkularen Arbeit nicht überleben könne.

»Wenn Ihre Gemeinde zu klein ist, um ohne Ihren Zehnten überleben zu können«, erwiderte ein Pastor, »dann sollte sie vielleicht überhaupt nicht überleben.«

Später hörte ich, dass der Pastor, der dies geäußert hatte, nach dem

Treffen zu dem Teilzeitpastor gegangen ist und sich entschuldigt hat. Doch soweit ich weiß, wurde diese Aussage niemals öffentlich zurückgenommen.

Diese beiden Beispiele mögen extrem sein, aber sie sind echt. Und sie sind vielsagend. Wenn derartige Einstellungen im Spiel sind, wie können sich Pastoren kleiner Gemeinden dann nicht verachtet fühlen?

Wer verachtet wen?

Ich sitze schon eine ganze Weile an meinem Laptop und zögere weiterzuschreiben. Ich kämpfe damit, ob ich den nächsten Satz in die Tasten tippen soll oder nicht, denn ich wünschte, er wäre nicht wahr. Vielleicht entspringt er nur meinem inneren Heuschrecken-Denken, aber ich wage es dennoch, ihn niederzuschreiben:

In der Vergangenheit hat die Gemeindeleiter-Kultur die Pastoren kleiner Gemeinden verachtet.

Nur sehr wenige Gemeindeleiter würden etwas derart Verächtliches zu Ihnen sagen, wie Sie es in den beiden Geschichten eben gelesen haben. Aber wir senden die gleiche Botschaft – oftmals ungewollt – auf viele andere Arten und Weisen.

Es ist zum Beispiel möglich, dass dies das erste Mal ist, dass Sie lesen, wie jemand die Meinung vertritt, dass kleine Gemeinden nicht nur okay sind, sondern sogar als wesentlicher Teil des Leibes Christi willkommen geheißen werden sollten. Jahrelang habe ich nach einem Buch gesucht, das mich in meiner Rolle als Pastor einer kleinen Gemeinde ermutigte. Schließlich gab ich die Suche auf und beschloss, dieses Buch selbst zu schreiben.

Das könnte ein Hinweis sein, dass irgendetwas verkehrt gelaufen ist, oder?

Leider ist es keineswegs so, dass nur Pastoren größerer Gemeinden mitunter dazu tendieren, auf Pastoren kleinerer Gemeinden hinabzuschauen. Das beruht auf Gegenseitigkeit. Sie brauchen sich nicht lange in einer Gruppe von Pastoren kleiner Gemeinden aufzuhalten, bis Sie hören, wie auf die andere Seite geschimpft wird. Erwähnen Sie einfach den Namen der neuesten Gemeindeerfolgsstory und schon hören Sie verächtliche Kommentare wie: »Sie verwässern das Evangelium«; »Der Pastor ist ein paar wohlhabenden Spendern verpflichtet«; »Er ist nur dort, weil er mit so und so verwandt ist«; »Sie stehlen nur Schafe aus anderen Gemeinden« und so weiter.

Viele von uns kennen dieses Problem, doch man spricht nicht darüber. Aber wenn ich genau das tue, befinde ich mich in guter Gesellschaft, denn Jesus hat es so gemacht. Haben wir vergessen, wie er reagierte, als die Jünger einander verachteten?

> *»Und sie kamen nach Kapernaum. Und als er im Haus war, fragte er sie: Was habt ihr auf dem Weg besprochen? Sie aber schwiegen; denn sie hatten auf dem Weg miteinander besprochen, wer der Größte sei. Und er setzte sich und rief die Zwölf und sprach zu ihnen: Wenn jemand will der Erste sein, der soll der Letzte sein von allen und aller Diener.« (Markus 9,33-35)*

Darüber streiten, wer der Größte ist ... Es gibt wahrlich nichts Neues unter der Sonne! Selbst unsere belanglosen Kabbeleien wiederholen sich.

Ist es möglich, dass Gemeinden jeder Größe Menschen segnen und eine wichtige Nische ausfüllen?

Wer also ist der Größte? Megagemeinden mit ihren tollen Gebäuden, ihren Onlineangeboten, ihren Radio- und Fernsehprogrammen und ihren hervorragenden Angeboten für jedes erdenkliche Bedürfnis? Oder kleine Gemeinden mit ihrer Vertrautheit und ihren persönlichen Beziehungen?

Gibt es Gemeinden, die zu klein sind, um überhaupt eine Existenzberechtigung zu haben? Oder ist es möglich, dass Gemeinden jeder Größe Menschen segnen, eine wichtige Nische ausfüllen und Gott und den Gaben gegenüber, die er ihnen geschenkt hat, verantwortlich handeln?

Eine »großartige Gemeinde« oder eine »großartige kleine Gemeinde«?

In den vergangenen Jahren habe ich eine kostbare Wahrheit erkannt. Ich bin ein guter Pastor. Und ich diene einer großartigen Gemeinde – nicht nur einer großartigen kleinen Gemeinde. Ich finde es interessant, dass die Leute oft sagen, wenn sie den Dienst einer großen Gemeinde loben: »Es ist eine großartige Gemeinde.« Aber wenn sie eine kleine Gemeinde loben, dann sagen sie etwas wie: »Es ist eine großartige kleine Gemeinde.« Oder noch schlimmer: »Es ist eine großartige Gemeinde – dafür, dass sie so klein ist.«

Das ist so, als würde man zu jemandem sagen: »Für dein Alter siehst du ziemlich gut aus.« Wie fühlen Sie sich, wenn Sie so etwas hören?

Die Wahrheit ist: Es gibt großartige Gemeinden, die groß sind, und es gibt großartige Gemeinden, die klein sind.

Ich bin der Pastor einer großartigen Gemeinde. Es sind keine weiteren Adjektive nötig.

An meine Freunde, die Pastoren kleiner Gemeinden sind

Die meisten kleinen Gemeinden haben zu kämpfen.

Wir kämpfen darum, die Rechnungen zu bezahlen; wir kämpfen darum, genügend Mitarbeiter zu finden; wir kämpfen mit unzureichenden oder nicht existierenden Räumlichkeiten; wir kämpfen darum, mehr Besucher anzuziehen und weniger Besucher zu verlieren. Die meisten dieser Kämpfe lassen sich nicht vermeiden. Sie sind einfach der Preis dafür, dass man eine kleine Gemeinde ist.

Doch es gibt einen Kampf, den wir nicht kämpfen müssen, wenn wir es nicht wollen. Und das ist der Kampf, etwas zu sein, was wir nicht sind.

Wir müssen nicht die Erwartungen anderer erfüllen. Oder noch schlimmer, unsere eigenen, unrealistischen, unbiblischen Erwartungen.

Ja, meine lieben Freunde, die ihr euch oft klein wie Heuschrecken fühlt – es gibt Riesen im Land! Riesige Gemeinden mit einem gigantischen Budget, die riesige Schatten werfen. Doch diese Riesen sind nicht unsere Feinde. Oder um ein anderes biblisches Beispiel zu verwenden: Sie sind keine Goliats für unseren David.

Stattdessen müssen wir eine biblischere Analogie benutzen. Vielleicht sind große Gemeinden der Bizeps, während kleine Gemeinden der kleine Zeh am Leib Christi sind. Es geht um Zusammenarbeit, nicht Konkurrenz. Wir müssen lernen, die Gemeinde zu sein, als die Gott uns geschaffen hat, und die Anweisungen unseres gemeinsamen Hauptes befolgen. Sorgen wir dafür, dass der kleine Zeh und der Bizeps anfangen, miteinander zu kommunizieren und zusammenzuarbeiten! Dann kann dieser Leib, der größer ist als alle von uns, auch die »größeren Dinge« tun, von denen Jesus gesprochen hat (Johannes 14,12).

Eifersucht ist kein Weg, um eine großartige Gemeinde zu bauen – egal von welcher Größe. Genauso wenig sind es Angst, Zweifel und Selbsthass.

Im Bild vom Leib, das Paulus in 1. Korinther 12 verwendet, weist er darauf hin, dass Verachtung innerhalb des Leibes Christi auf zweierlei Weise geschieht. Meistens zitieren wir Vers 21: »Das Auge kann nicht sagen zu der Hand: Ich brauche dich nicht; oder wiederum das Haupt zu den Füßen: Ich brauche euch nicht.« Doch Paulus beginnt seinen Vergleich nicht mit den Körperteilen, die *andere* verachten, sondern mit denen, die *sich selbst* verachten:

»Wenn nun der Fuß spräche: Ich bin keine Hand, darum gehöre ich nicht zum Leib!, gehört er deshalb etwa nicht zum Leib?« (Vers 15)

Paulus beginnt die Metapher mit dem Problem der Selbstverachtung, denn mit der Selbstverachtung fängt alles Verachten an.

Wenn wir nicht unsere (kleine) Größe verachten, dann haben wir auch keinen Grund, die (große) Größe anderer zu verachten.

An meine Freunde, die Pastoren großer Gemeinden sind

Wir sind Teil desselben Teams.

Ich bin dankbar, dass ihr da seid und mir und anderen Pastoren kleiner Gemeinden helft. Aber ihr dürft auch wissen, dass wir genauso da sind, um euch zu helfen.

Es gibt vieles, was wir voneinander lernen können.

Es ist mir wichtig zu sagen, dass ich nur sehr wenige Pastoren großer Gemeinden getroffen habe, die eine ähnliche Einstellung an den Tag legen wie jene, die in den zuvor erwähnten beiden Geschichten zum Ausdruck kam. Ich weiß, dass Pastoren von Megagemeinden, die Konferenzen durchführen, dies tun, um anderen Pastoren einen Dienst zu erweisen. Viele von ihnen bieten Pastoren, die sich die Teilnahme sonst nicht leisten könnten, Ermäßigungen, Stipendien oder kostenlose Seminare an.

Ich stelle also niemandes Motive infrage. Doch ich hinterfrage einige Annahmen, die wir für gewöhnlich teilen.

Bestimmt sind selbst jetzt noch einige von Ihnen nicht restlos überzeugt von meiner Prämisse, dass viele Gemeinden von Gott tatsächlich dazu berufen sind, kleine Gemeinden zu sein. Ich werde nicht alle davon überzeugen können, dass es okay ist, klein zu sein, denn für manche fühlt es sich so an, als würde man sich mit Mittelmäßigkeit zufriedengeben. Ich kenne dieses Gefühl. Ein einziges Buch hätte auch nicht gereicht, um mich zu überzeugen.

Diejenigen, die der Meinung sind, dass keine Gemeinde sich mit einer geringen Größe zufriedengeben sollte, bitte ich, Folgendes zu bedenken: Wir alle wissen, dass eine große Gemeinde Kleingruppen anbieten sollte. Schließlich sollten Gemeinden groß werden, aber auch überschaubar bleiben. Warum sind Kleingruppen also so wichtig?

Kleingruppen werden aus demselben Grund in großen Gemeinden gebraucht, aus dem kleine Gemeinden im Leib Christi gebraucht werden: weil sie einzigartige Möglichkeiten für Gemeinschaft, Dienst, Verbindlichkeit, Anbetung und Jüngerschaft bieten, die Sie nicht erfahren können, wenn Sie nur Teil einer größeren Gruppe sind.

Pastoren kleiner Gemeinden sind wie Kleingruppenleiter im Leib Christi.

Kein Pastor verachtet die Rolle von Kleingruppenleitern in seiner Gemeinde. Wenn es hilfreich ist, dann lassen Sie uns die Pastoren kleiner Gemeinden als die Kleingruppenleiter im Leib Christi betrachten.

Sollten uns Pastoren kleiner Gemeinden leidtun, weil ihre Gemeinden klein sind? Nein – genauso wenig wie uns Kleingruppenleiter leidtun, weil ihre Gruppen klein sind! Ihr Kleinsein ist gerade der Grund, weshalb diese Gruppen existieren und weshalb sie funktionieren. Das Gleiche gilt für kleine Gemeinden. Dass wir klein sind, ist für viele von uns der Hauptgrund, warum es uns gibt und warum unser Dienst funktioniert. Viele von uns finden große Erfüllung in unserer Arbeit als Pastor, weil wir wissen, dass wir eine Rolle im Reich Gottes ausfüllen, die nur wir ausfüllen können.

Ich glaube von ganzem Herzen, dass wir uns über Dienste freuen sollten, die zahlenmäßiges Wachstum erfahren, insbesondere wenn dieses Wachstum nicht dadurch zustande kommt, dass Menschen von einer Gemeinde zur andern wechseln. Doch während wir diese Geschichten begeistert weitererzählen, müssen wir uns darüber Gedanken machen, wie wir die weniger sichtbaren Erfolge jener Gemeinden bekannt machen können, deren Besucherzahlen sich über die Jahre nicht wesentlich verändern.

Allen meinen Freunden, die Pastoren großer und/oder wachsender Gemeinden sind, möchte ich sagen: Ihr braucht euch nicht schlecht zu fühlen. Wenn wir uns das nächste Mal über unseren Dienst unterhalten, braucht ihr nicht das Thema zu wechseln, mich aufzumuntern oder verlegen wegzuschauen, wenn ich euch erzähle, dass die Zahl unserer Gottesdienstbesucher auch in diesem Jahr nicht gewachsen ist. Ich fühle mich deswegen nicht schlecht, und ihr braucht es auch nicht zu tun.

Die Tatsache, dass meine Gemeinde klein ist, bedeutet nicht, dass ich darin versagt habe, ihr oder mein Potenzial zu entfalten. Ich bin dort, wo ich sein möchte, und ich bin mir ziemlich sicher, dass auch Gott mich dort haben will.

Ich freue mich für euch und eure Gemeinden und ich hoffe, ihr könnt euch auch für mich und meine Gemeinde freuen. Ich jedenfalls freue mich über sie.

Klein bedeutet nicht verkehrt

Ein Freund von mir, der seit mehreren Jahrzehnten Pastor in Lateinamerika ist, ist ganz vorne mit dabei bei einer der größten Erweckungen weltweit. Überall in Lateinamerika kommen Menschen zum rettenden Glauben an Jesus, werden von Krankheiten geheilt und verändern ihre Städte zum Guten. Das geht fast ausschließlich von kleinen Gemeinden aus.

Gemeindewachstumsexperten reisen seit Jahren dorthin, um diese phänomenale Erweckung zu untersuchen. Sie haben meinem Freund berichtet, was sie herausgefunden haben. Ihre Schlussfolgerungen? Die Erweckung ist echt, sie ist theologisch gesund und sie entspricht der Kultur. Es gibt nur ein einziges Problem: Die Gemeinden sind zu klein. Also haben die Experten meinem Freund vorgeschlagen, dass weitere Untersuchungen durchgeführt werden sollten, um dieses »Problem« zu »lösen«.

Natürlich könnten wir das »Problem«, dass kleine Gemeinden in Lateinamerika beinahe täglich aus dem Boden schießen, »lösen«. Das Ergebnis wäre so ähnlich wie jenes, als mein Tierarzt das »Problem« löste, dass mein Hund zeugungsfähig war. Wir würden die Gemeinden zahmer und passiver machen und dafür sorgen, dass sie sich nicht vermehren können.

Wir können es besser

Okay, liebe Kollegen kleiner Gemeinden, nachdem das »Alle-sind-so-gemein-zu-mir«-Gejammer jetzt vorbei ist, was machen wir mit unseren Erkenntnissen?

Lassen Sie uns zunächst einmal anerkennen, was wir alle wissen: Nur sehr wenige von uns erfüllen die Aufgabe, zu der wir berufen sind, so, wie es unserem Potenzial entspricht. Andererseits gibt es in unseren kleinen Gemeinden viel mehr Gutes und Segensreiches, als es uns für gewöhnlich bewusst ist. Doch die Kehrseite ist ebenfalls wahr: Viele kleine Gemeinden haben auch große Defizite und das ist oft der Grund, weshalb sie klein bleiben.

Unser »Heuschrecken-Denken« hindert uns, weil wir es zulassen.

Doch wir können es besser. Viel besser. Und wir müssen besser werden.

Wie wir das bewerkstelligen können, darum geht es in den letzten zwei Dritteln dieses Buches.

KAPITEL 5

WARUM WIR GEMEINDEN ALLER GRÖSSEN BRAUCHEN

Jede Gemeindegröße hat ihren Wert.

Eine Heuschrecken-Mentalität ist nicht das Ergebnis davon, dass man klein *ist*. Sie kommt daher, dass man sich klein *fühlt* und diesen Gefühlen glaubt.

Neue Kleine Gemeinden haben entdeckt, wer sie sind und wie sie ihre einzigartigen Gaben anwenden können. Das beinhaltet die Vorzüge, die damit einhergehen – nicht trotz ihrer Größe, sondern *wegen* ihrer Größe.

IKEA-Neid

IKEA und Starbucks sind heute internationale Marken mit Kultstatus.

Sie haben nichts gemeinsam. Außer ihrem Erfolg.

Das eine Unternehmen verkauft Möbel zur Selbstmontage in riesigen Geschäften (manche so groß, dass man sich fragt, ob sie vom Weltall aus sichtbar sind) mit Pfeilen auf dem Boden, um Sie als Käufer durch ein Labyrinth von Möglichkeiten zu lotsen. Das Unternehmen macht seine Kunden glücklich, weil seine Möbel weniger kosten, als dies früher der Fall war.

Das andere verkauft individuell zubereiteten Kaffee in kleinen Geschäften (einige so klein, dass sie gut in die Ecke eines anderen Geschäftes hineinpassen) mit einer ungezwungenen »Entspann-dich-wo-immer-du-willst«-Atmosphäre. Es macht seine Kunden glücklich, die für eine Tasse Kaffee *mehr* Geld bezahlen als früher.

Niemand, der bei klarem Verstand ist, würde behaupten, das eine oder andere Geschäftsmodell hätte versagt. Wenn die Geschäftswelt jedoch Erfolg und Wachstum auf die gleiche Weise definieren würde wie viele Gemeindeleiter, könnten wir uns ausmalen, wie die Manager von Starbucks zu ihrem jährlichen Strategietag zusammenkommen und den folgenden Bericht des Wachstumsbeauftragten hören:

Zurzeit ist das durchschnittliche Starbucks-Geschäft kleiner als 75 Quadratmeter. Wir haben mit Maßbändern ausgestattete Spione ausgesandt und diese haben herausgefunden, dass das durchschnittliche IKEA-Geschäft weit über 9.000 Quadratmeter groß ist. Manche haben eine Grundfläche von 20.000 Quadratmetern! Und unser gegenwärtiger Trend, Starbucks-Geschäfte innerhalb anderer Geschäfte zu positionieren, verringert die durchschnittliche Größe sogar noch mehr!
Unserer Meinung nach ist dies ein unhaltbarer Zustand. Wenn wir die Hoffnung haben, jemals mit IKEA konkurrieren zu können, müssen wir die durchschnittliche Größe eines Starbucks-Geschäftes vergrößern – und wir müssen sofort damit beginnen.

In der Broschüre, die wir verteilt haben, finden Sie eine mehrjährige Strategie, die ab sofort umgesetzt werden sollte:

- *Führen Sie Seminare durch zum Thema »So vergrößere ich meinen Laden«. Bedauerlicherweise wissen die meisten unserer Filialleiter so gut wie nichts darüber, wie man ein größeres Geschäft aufbaut, und die meisten geben sich damit zufrieden, einfach weiter in derselben kleinen Örtlichkeit ihren Kaffee zu verkaufen.*
- *Starten Sie eine Kampagne mit dem Motto »Größere Geschäfte machen besseren Kaffee«, um Wachstum zu motivieren, und fördern Sie den Ankauf von größeren Lokalitäten.*
- *Verpflichten Sie alle Starbucks-Filialen, die gegenwärtig eine Fläche innerhalb eines anderen Geschäftes mieten, ihren eigenen Grund und Boden zu kaufen und unter Einhaltung unseres Fünfjahresplans dort einen größeren Starbucks zu gründen, der für sich allein steht.*
- *Schließen Sie Filialen, die eine Standfläche unter einem bestimmten Mindestmaß haben, und lassen Sie deren Anlagegut den nächstge-*

legenen größeren Filialen zugutekommen, damit sie sich noch weiter vergrößern können.

- *Ändern Sie den Namen »Starbucks« in »STARBUCKS«.*

Finden Sie Ihren eigenen Auftrag!

Was will ich mit dieser kleinen Geschichte sagen? Dass kleine Gemeinden nicht versuchen sollten zu wachsen? Nein.

Mein Punkt ist, dass jede Gemeinde ihren eigenen Auftrag hat und nicht versuchen sollte, den Auftrag einer anderen Gemeinde zu erfüllen, egal, wie groß oder erfolgreich diese ist.

Starbucks ist gut darin, Starbucks zu sein. IKEA ist gut darin, IKEA zu sein.

Die beiden sind so unterschiedlich, dass sie noch nicht einmal Konkurrenten sind. Ebenso wenig sind Megagemeinden und kleine Gemeinden Konkurrenten.

Wenn Starbucks versuchen würde, IKEA zu sein, wäre das absurd. Wenn Starbucks versuchen würde, IKEA zu sein und gleichzeitig Starbucks (oder STARBUCKS) zu bleiben, wäre das ein Witz.

Manche Gemeinden bieten ein Produkt an und bereiten es wunderbar zu. Andere bieten verschiedene Produkte je nach Geschmack an. Manche Gemeinden bieten Bibelgruppen an, die auf individuelle Bedürfnisse zugeschnitten sind, und geben jedem die Möglichkeit, biblische Wahrheiten in seinem eigenen Tempo zu erkunden. Andere sind sehr strukturiert – sie erinnern eher an einen IKEA mit Pfeilen auf dem Boden.

Was ist der beste Ansatz?
Alle von ihnen.
Und keiner von ihnen.

Jeder Typ hat irgendetwas für irgendjemanden, während selbst die besten Gemeinden manche Leute abstoßen. Viele Menschen, die den Geschäftsansatz von Starbucks lieben, können den von IKEA nicht ausstehen – und andersherum. Wiederum andere mögen grundsätzlich keine großen Ketten und unterstützen lieber die kleinen Einzelhändler vor Ort.

Auf die gleiche Art wählen die Menschen ihre Gemeinde.

So wie Starbucks und IKEA verschiedene Geschäftsmodelle haben, haben auch Gemeinden verschiedene Aufträge. Starbucks-Läden sind klein – nicht, weil sie nicht erfolgreich wären, sondern weil diese Größe zu ihnen passt: zu ihren Produkten, zu ihren gegenwärtigen Kunden und zu den Kunden, die sie gewinnen möchten.

Kein Stil funktioniert überall. Keine Größe passt allen.

Was zu den einen passt und bei ihnen funktioniert, funktioniert bei anderen vielleicht nicht. Kein Stil funktioniert überall. Keine Größe passt allen.

Unser Problem ist vielleicht gar kein Problem

Wie wir bereits gesehen haben, sind 93 Prozent aller amerikanischen Gemeinden kleiner als 350 und 85 Prozent kleiner als 200. Was, wenn diese Zahlen kein Problem darstellen? Was, wenn es so sein *soll?*

Was, wenn Jesus, als er sagte: »Ich will meine Gemeinde bauen«, keine Welt voller Megagemeinden und prächtiger Kathedralen sah? Was, wenn er eine Welt mit einigen wenigen Megagemeinden und Kathedralen sah, eine größere Anzahl von mittelgroßen bis großen Gemeinden und Hunderttausende von kleinen Gemeinden, die überall auf dem ganzen Erdball verteilt sind?

Untersuchungen zufolge besucht die Hälfte aller Kirchgänger Gemeinden in den oberen 10 Prozent, was die Größe der Gemeinde betrifft. Das heißt, die andere Hälfte besucht Gemeinden in den unteren 90 Prozent (kleiner als 350). In jedem anderen Dienstleistungsbereich wäre es so: Wenn jeder zweite ein ganz bestimmtes Angebot dem anderen vorzöge, dann würde man Wege finden, um diese Menschen entsprechend zu bedienen, statt zu versuchen, sie davon abzubringen.

Wir Pastoren sagen anderen ständig, dass sie damit zufrieden sein sollen, wie Gott sie gemacht hat. Dass es wichtig ist, die eigenen Gaben und die persönliche Berufung zu entdecken. Dass es im Leib Christi für jeden einen Platz gibt, egal, was jemand kann oder nicht kann. Vielleicht sollten wir uns unseren eigenen Rat zu Herzen nehmen und herausfinden, warum es so viele kleine Gemeinden gibt.

In einem amerikanischen Werbespot hieß es: »Unternehmer sind die stärkste Macht in unserer Wirtschaft – die Neuerfindung der Business-Welt beginnt mit ihnen.« Niemand würde diese Aussage bestreiten. Kleine Unternehmen sind der Motor jeder Wirtschaft. Ich glaube, man kann das Gleiche in Bezug auf kleine Gemeinden in ihrer Beziehung zur weltweiten Gemeinde sagen. Könnte es sein, dass kleine Gemeinden – wenn sie die Freiheit haben, das zu tun, wozu sie berufen sind – denselben Einfluss auf die Welt haben können um des Evangeliums willen?

Vielleicht sollten kleine Gemeinden, statt sich von den großen Gemeinden anleiten zu lassen, lieber gesünder und dynamischer werden und selbst damit anfangen voranzugehen.

Warum viele Menschen kleine bis mittelgroße Gemeinden mögen

Viele Menschen mögen eine Gemeinde, die so groß ist wie ein IKEA. Die meisten mögen eine, die so groß ist wie ein Starbucks.

Wenn ich im Urlaub bin, neige ich eher zu den IKEA-Gemeinden – aus dem gleichen Grund, aus dem ich lieber eine bekannte Hotelkette wähle als »Joe's Motel, Bar & Grill«. Ich brauche keinen Luxus (ich bin Pastor einer kleinen Gemeinde – ich kann mir keinen Luxus leisten), aber ich wünsche mir einen Mindeststandard an Qualität und Sauberkeit ohne irgendwelche Überraschungen.

Da ich nicht viele Wochenenden freihabe, wünsche ich mir auch ein Mindestmaß an Qualität, wenn ich im Urlaub einen Gottesdienst besuche. Ich weiß, dass ich das in einer Megachurch bekomme, denn niemand kann eine solche Größe erreichen, ohne eine gewisse Qualität zu bieten. Sicher, ich verpasse manche Überraschungen und manchen familiären Charme, aber das nehme ich in Kauf.

Ich erlebe genug Überraschungen, wenn ich irgendwo Urlaub mache, wo ich noch nie gewesen bin. Im Gottesdienst und in meinem Hotel wünsche ich mir Vertrautheit, Qualität und Komfort. Ich möchte bedient werden. Ich möchte, dass die Angestellten lächeln und so tun, als sei es die größte Freude ihres Lebens, mich zu bedienen und mir jeden Wunsch zu erfüllen. Aber ich erwarte nicht, dass sie noch einen Gedanken an mich verschwenden, nachdem ich gegangen bin.

Wenn ich nach Hause komme, möchte ich nicht in einem Hotel leben – auch nicht in einem besonders schönen. Manche Leute tun das, aber die meisten sind wie ich. Ich möchte mich nicht als Gast fühlen, der bedient wird – weder in meinem Zuhause noch in meiner Gemeinde. Ich möchte in einem kleineren, weniger perfekten Zuhause leben als dem Hilton.

Wenn ich zu Hause bin, ist es für mich nicht nötig – und ich möchte es noch nicht einmal –, dass mein Bettzeug täglich gewechselt wird und dass abends eine kleine Aufmerksamkeit auf dem Kopfkissen liegt. Genauso möchte ich auch keine wie auf Knopfdruck abrufbare gute Stimmung, wenn ich meine Gemeinde betrete. Ich möchte nicht, dass andere versuchen, meine Gefühlslage zu kontrollieren, oder mir sagen, wie ich mich fühlen *sollte*. Ich möchte mich so fühlen dürfen, wie ich mich eben fühle, und ich möchte, dass man meine Stimmung mir, meinen Interaktionen mit anderen und dem Heiligen Geist überlässt.

Ich wünsche mir zu Hause und in meiner Gemeinde ein Gefühl von Vertrautheit und Geborgenheit. Ich möchte am Familien- und Gemeindeleben teilnehmen, nicht nur Kunde sein. Ich bin bereit, ein bisschen Unordnung und Uneinheitlichkeit in Kauf zu nehmen, um das Gefühl zu haben, zu Hause zu sein, gebraucht zu werden, erwünscht zu sein und vermisst zu werden, wenn ich nicht da bin.

Die Menschen bringen sich stärker ins Geschehen ein

Untersuchungen legen nahe, dass bei denjenigen, die Megagemeinden besuchen, die Wahrscheinlichkeit höher ist, dass sie weniger mitarbeiten und weniger spenden als bei denjenigen, die kleine Gemeinden besuchen. 45 Prozent der Besucher von Megagemeinden arbeiten nirgendwo mit, 32 Prozent legen nichts oder nur sehr wenig in die Kollekte, 40 Prozent gehören keinem Hauskreis an und 42 Prozent sagen von sich, dass sie kaum enge Freunde in der Gemeinde haben.

Mit anderen Worten: Megagemeinden sind so wie wir. Sie haben auch Probleme.

Natürlich haben kleine Gemeinden insgesamt gesehen mehr Probleme mit Themen wie Qualitätskontrolle und Finanzen. Natürlich besuchen Menschen Megagemeinden unter anderem deswegen, weil sie dort in der Menge verschwinden können. Sie können Beobachter sein, statt aktiv am Gottesdienstgeschehen teilzunehmen. In einer kleinen Gemeinde hingegen kann man sich nicht so leicht unsichtbar machen.

Menschen besuchen kleine Gemeinden, weil sie sich dort aktiv beteiligen und Einfluss auf das Geschehen nehmen können.

Es ist einer der Gründe, warum Menschen in eine kleine Gemeinde gehen: damit sie sich dort aktiv beteiligen und Einfluss auf das Geschehen nehmen können. Sie machen die Erfahrung, dass sie wichtig sind.

Das Bedürfnis, gebraucht zu werden, ist zutiefst menschlich. Megagemeinden können der überarbeiteten alleinerziehenden Mutter oder dem Manager mit der 70-Stunden-Woche die Chance bieten, für eine Stunde am Sonntagmorgen mal *nicht* gebraucht zu werden. Kleine Gemeinden hingegen bieten Menschen, die gerne aktiv mitgestalten und auch noch Kapazitäten frei haben, ein attraktives Betätigungsfeld. Von solchen Menschen wird das Reich Gottes gebaut.

KAPITEL 6

WAS IST DENN SO FALSCH AN GEMEINDEWACHSTUM?

Was ist an Gemeindewachstum verkehrt?

In einem Wort: nichts.

Doch es gibt einige Probleme mit den *Gemeindewachstumsstrategien*, die wir im Laufe der letzten Generation verbreitet und erlernt haben.

Ich bin nicht der Einzige, der so denkt. Die Forschungen dazu laufen.

In seinem Buch »The Present Future«[8] präsentiert Reggie McNeal eine vernichtende Anklage der Gemeindewachstumsbewegung und ihrer krankhaften Fixierung auf Zahlen. Auch er ist der Ansicht, dass die Gemeindewachstumsbewegung zwar durchaus etwas Gutes bewirkt, aber auch beträchtlichen Schaden angerichtet hat. Obwohl die Befürworter sich wünschen, dass ihre Strategien kirchenferne Menschen erreichen, scheint es nicht unbedingt darauf hinauszulaufen. Nach dem Studium einiger sehr zuverlässiger statistischer Analysen kommt McNeal zu dem Ergebnis, dass das »Wachstum« der Megagemeinden auch darauf zurückzuführen ist, dass Mitglieder kleinerer Gemeinden in die großen abwandern.

Offenbar bin ich nicht der Einzige, der das Gefühl hatte, mit meiner Gemeinde durch die Zahlenbesessenheit der Gemeindewachstumsbewegung in ein schlechtes Licht gerückt zu werden. Dieser Aspekt zusammen mit dem damit einhergehenden Aufstieg einer Gemeindekultur mit Promistatus hat laut McNeal »Tausende von Losern erzeugt – Pastoren und Gemeindeleiter, die ihren Dienst in Gemeinden tun, die kein zahlenmäßiges Wachstum und kein entsprechendes Profil vorweisen können. Folglich leidet ein großer Teil der nordamerikanischen Gemeindeleiter unter Entmutigung oder sogar Depression, genährt durch das Gefühl, nicht wichtig zu sein. Das Heer Gottes hat eine Menge entmutigte Leiter.«[9]

Die Heuschrecken-Mentalität vermehrt sich.

Aus meiner Sicht gibt es vier Probleme, die ein Pochen auf rein zahlenmäßiges Wachstum mit sich bringt:

Problem Nummer 1: Wachstumsorientierung, nicht Gesundheitsorientierung

Obwohl fast jede Gemeindewachstumsstrategie behauptet, dass ihr Ziel Gesundheit sei, geht sie immer von der unbewiesenen Annahme aus, dass eine gesunde Gemeinde automatisch auch wachsen muss.

Was erfolgreiche Pastoren großer Gemeinden vermitteln, klingt in etwa so: »Meine Gemeinde hat jahrelang darum gekämpft zu wachsen. Dann habe ich diese Konferenz besucht oder jenes Buch gelesen und beschlossen, nun einfach die dort vorgestellten Prinzipien anzuwenden, zu beten und den Rest Gott zu überlassen. Sobald ich aufhörte, mich um unser Wachstum zu sorgen, begannen wir zu wachsen! Jetzt lassen Sie mich Ihnen die Pläne für unser neues, mit aktuellster Technik ausgestattetes Gemeindezentrum zeigen.«

Ich bezweifle nicht, dass dies tatsächlich passiert ist. Und ich bin Gott wirklich dankbar, dass er Leben verändert hat durch gesunde, wachsende Gemeinden. Trotzdem ist das Endergebnis dieser Berichte zahlenmäßiges Wachstum. Die Gesundheit der Gemeinde wird nicht als Endergebnis gesehen, sondern als Mittel zum Ziel. Das ist ein Problem. Gesundheit sollte das Ziel sein.

Lassen Sie mich als Alternative den gleichen Bericht nur um einige Komponenten verändern und Ihnen von meiner Erfahrung erzählen:

»Meine Gemeinde hat jahrelang darum gekämpft zu wachsen. Dann habe ich Konferenzen besucht und Bücher gelesen, aber meine Gemeinde ist nicht gewachsen, egal, wie hart ich gearbeitet und wie viel ich gebetet habe. Aus purer Verzweiflung beschloss ich, dass ich mich nicht mehr um Wachstum sorgen würde. Ich würde einfach das Wort Gottes predigen, mich um meine Gemeindeglieder kümmern, unserem Stadtteil dienen und den Rest Gott überlassen. Sobald ich aufhörte, mich um Wachstum zu sorgen, begannen meine Gemeinde und ich, wieder gesund zu werden. Das ist nun fast fünf Jahre her. Wir haben noch immer kein dramatisches zahlenmäßiges Wachstum erlebt. Ich gehe auch nicht davon aus, dass das jemals geschehen wird, denn weil wir nun gesünder sind als vorher, wissen wir endlich, wer wir sind und wer nicht. Wir sind eine kleine Gemeinde und ich bin der Pastor einer kleinen Gemeinde. Jetzt lassen Sie mich Ihnen von einigen unserer gesunden Dienste erzählen, die niemals zustande gekommen wären, wenn wir unsere Energien darauf gerichtet hätten, eine große Gemeinde zu werden.«

Gesundheit, nicht zahlenmäßiges Wachstum, ist unser Ziel geworden.

Gesundheit, nicht zahlenmäßiges Wachstum, ist unser Ziel geworden. Für uns und für diejenigen, denen wir dienen. Vielleicht werden wir niemals steigende Besucherzahlen in unseren Gottesdiensten erleben. Das ist in Ordnung für uns.

Problem Nummer 2: Problemorientierung

Zu den besseren Konferenzen, die ich besucht habe, und den besseren Büchern, die ich gelesen habe, gehört »Die natürliche Gemeindeentwicklung« von Christian Schwarz. Was seine Prinzipien von den Strategien, die ich zuvor gehört hatte, unterschied, war, dass er wirklich versuchte, Problem Nummer 1 zu lösen und mehr gesundheitsorientiert als wachstumsorientiert zu sein. Wie er während der Konferenz betonte, ist der Titel seines Buches und die Strategie dahinter »natürliche Gemeindeentwicklung«, nicht »natürliches Gemeindewachstum«.

Doch was seine Strategie mit den anderen gemeinsam hatte, war die Problemorientierung. Die Aufmerksamkeit richtete sich wie gewöhnlich darauf, die Ursache des Problems zu finden, um es dann zu lösen. Während sich die Ursachen bei den einzelnen Gemeinden unterschieden, war das Problem immer dasselbe – die Gemeinde sei zu klein.

Das Problem einer Problemorientiertheit (die Ironie dessen, dass ich das Problem einer Problemorientiertheit innerhalb einer Liste von vier Problemen beschreibe, ist mir nicht entgangen!) besteht darin, dass sie davon ausgeht, dass es einen Mangel darstellt, klein zu sein. Die positiven Aspekte einer kleinen Gemeinde werden hingegen nicht bedacht.

Lösungsorientiert zu sein, ist auch nicht besser, denn man braucht keine Lösung für etwas, was gar kein Problem ist. Eine Lösungsorientiertheit setzt immer noch voraus, dass es ein Problem darstellt, klein zu sein – und diese Annahme ist ein Problem!

Statt kleine Gemeinden als Orte mit vielen Problemen zu betrachten, die zu lösen sind, mit Mauern, die zu durchbrechen sind, mit Hindernissen, die zu überwinden sind, und Arbeitszweigen, die zu heilen sind, sollten wir anfangen, die Vorteile geringerer Größe wahrzunehmen.

Viele Bücher für Gemeindeleiter zitieren eine wunderbare Parabel über die Schule der Tiere. In dieser Schule hat ein kleines Kaninchen ausgezeichnete Noten in Laufen und Springen, aber es besteht die Prüfung in Fliegen und Schwimmen nicht. Man sagt ihm, dass es an seinen Schwächen arbeiten müsse, und so wird es aus dem Laufunterricht herausgenommen, um doppelt so viele Schwimmstunden zu bekommen. Das Ergebnis: Das kleine Kaninchen wird unglücklich. Es wird im Schwimmen nicht besser und hasst schließlich die Schule an sich. Die Lektion der Parabel: Enten müssen schwimmen, Adler müssen fliegen und Kaninchen müssen laufen. Wir alle müssen das tun, worin wir gut sind, anstatt uns über die Bereiche Sorgen zu machen, in denen wir es nicht sind.

Wir sollten das tun, worin wir gut sind, und uns nicht so viele Gedanken darüber machen, worin wir es nicht sind.

Statt problemorientiert zu sein, müssen wir stärkenorientiert werden. Hören Sie auf, sich über das Sorgen zu machen, worin kleine Gemeinden nicht gut sind, und beginnen Sie damit, das wertzuschätzen und zu fördern, worin wir gut sind.

Positive Verstärkung ist ein mächtiges Werkzeug. Und ich spreche nicht davon, so zu tun, als seien wir ganz toll, ohne dies mit irgendetwas belegen zu können. Ich meine, lassen Sie uns herausfinden, welche Vorteile kleine Gemeinden tatsächlich haben. Denn diese Vorteile existieren! Ich habe es erlebt. Wir sprechen über einige von ihnen in dem Kapitel »Nur in einer kleinen Gemeinde ...«. Aber jetzt lassen Sie uns ein weiteres Problem der Gemeindewachstumsbewegung ansprechen.

Problem Nummer 3: Enger Fokus

»Jesus will, dass die Gemeinde wächst!« Dem stimme ich zu. Wie könnte ich es nicht? Jesus selbst hat gesagt: »Ich will meine Gemeinde bauen« (Matthäus 16,18).

»Jesus will, dass *deine* Gemeinde wächst!«

Moment mal ...

Oft praktizieren wir die zweite Aussage, als ob sie die gleiche wäre wie die erste. Das ist sie aber nicht.

Die Gemeindewachstumsbewegung neigt dazu, den Schwerpunkt auf das Wachstum einzelner Gemeinden zu legen. Manchmal wird dieser Fokus erweitert, gewöhnlich auf die eigene Denomination. Die Strategie beinhaltet dann auch Tochtergemeinden und Gemeindegründungen. Doch selbst der konfessionelle Fokus ist zu eng.

Was, wenn Jesus, als er sagte: »Ich will meine Gemeinde bauen«, keine Welt voller großer Kathedralen und Megagemeinden im Sinn hatte? Was, wenn das gegenwärtige Verhältnis von 90 Prozent kleiner Gemeinden zu 10 Prozent mittelgroßer, großer und sehr großer Gemeinden kein Problem ist, das es zu lösen gilt, sondern dem entspricht, was Jesus wollte?

Wenn diese Möglichkeit besteht, sollten wir uns dann nicht mit dem Gedanken tragen, kleine Gemeinden ernster zu nehmen?

Kleine Gemeinden dazu zu bringen, zu großen Gemeinden anzuwachsen, ist vielleicht gar nicht die Antwort auf die Probleme christlicher Gemeinden in der westlichen Welt. Schließlich schießen an den Orten, an denen die Gemeinde Jesu am schnellsten wächst – in Lateinamerika und Afrika –, kleine Gemeinden wie Pilze aus dem Boden. Sicher, es gibt dort auch Megagemeinden, aber es sind nicht diese, von denen einige der größten Erweckungsbewegungen ausgehen, die die

Welt je gesehen hat. Erweckung geschieht vor allem in und durch kleine Gemeinden.

Vielleicht wollte Jesus eine Welt voller Gemeinden verschiedener Größen, Ausrichtungen und Stile, um all den unterschiedlichen Bedürfnissen zu begegnen.

Vielleicht wollte Jesus Gemeinden verschiedener Größen, Ausrichtungen und Stile.

Wenn meine Vision sich darauf beschränkt, dass *meine* Gemeinde wächst, statt mich in das einzubringen, was Jesus tut, um *seine* Gemeinde zu bauen, entsteht die Tendenz, unsere kostbaren Ressourcen – sowohl Arbeitskraft als auch Finanzen – an den falschen Stellen zu investieren. Wenn meine Gemeinde ein kleiner, flexibler Außenposten sein soll, bin ich kein guter Verwalter ihrer Ressourcen, wenn ich meine Zeit, meine Kraft und mein Geld dafür einsetze, aus ihr eine Megachurch machen zu wollen.

Das führt zu der Frage: Wenn kleine Gemeinden so großartig sein können, warum scheint es dann so viele kleine Gemeinden zu geben, aber so wenige *großartige* kleine Gemeinden?

Zuallererst: Dies trifft eher auf die reichen Industrieländer zu, weniger auf die Länder des globalen Südens. Einer der Gründe dafür ist sicherlich unser jahrzehntelanges Bestehen auf zahlenmäßigem Wachstum als Kennzeichen von Erfolg. Wie soll der Pastor einer kleinen Gemeinde eine großartige Gemeinde bauen, wenn er nicht weiß, dass eine Gemeinde zugleich großartig und klein sein kann?

Problem Nummer 4: Größe ist wichtig – aber anders, als wir denken

Welche Merkmale verbinden Gemeinden einer bestimmten Größe? Und was führt dazu, dass diese Gemeinden hervorragend spezifische Rollen innerhalb des Leibes Christi einnehmen können? Ich schlage hier keine wie auch immer geartete zentralistische organisatorische Struktur vor. Paulus hat mit seiner Analogie des Leibes sehr klar zum Ausdruck gebracht, dass wir *ein* Haupt und viele Körperteile haben – und dieses Haupt ist Christus, keine zentralisierte Bürokratie. Aber die Körperteile müssen anfangen, ganzheitlicher zu denken! Ein entscheidender Schritt hin zu diesem ganzheitlichen Denken ist, dass wir damit beginnen, die Vorzüge verschiedener Gemeindegrößen und -stile wahrzunehmen.

Hören wir auf, uns darüber zu streiten, welche Größe die beste ist. Fangen wir an zu erkennen, was das Beste an jeder Größe ist!

Was haben kleine Gemeinden gemeinsam? Und was an ihrem Wesen und ihrer Struktur sorgt dafür, dass sie ihre einzigartige Rolle innerhalb des Leibes Jesu so gut ausfüllen können?

Mit anderen Worten: Was können kleine Gemeinden, was große Gemeinden nicht können?

KAPITEL 7

NUR IN EINER KLEINEN GEMEINDE …

Es gibt viele Dinge, die große Gemeinden tun können, die kleine Gemeinden nicht tun können. Zum Beispiel große Gruppentreffen, regionale Evangelisationseinsätze, Konzerte mit bekannten Künstlern, Konferenzen und stadtweite Versammlungen. Große Gemeinden haben den Platz und die administrativen Voraussetzungen, um Schulen und Hochschulen zu gründen. Große Gemeinden können enorme Ressourcen freisetzen, um auf eine Katastrophe zu reagieren und praktische Hilfe zu leisten. Jede Woche können sie unterschiedliche Gottesdienste anbieten, die kleine Gemeinden unmöglich auf die Beine stellen könnten.

Es gibt aber auch einige Dinge, die kleine Gemeinden können und große Gemeinden nicht.

Zum Beispiel hatte ich vor einer Weile ein Gespräch, das mich daran erinnert hat, warum ich Pastor einer kleinen Gemeinde bin. Der Gottesdienst am Sonntagmorgen war gerade vorbei, als ein Mann, etwa Mitte 20, auf mich zukam. Er sah besorgt aus.

Er fragte, ob wir uns unterhalten könnten, und ich sagte gerne zu. Nachdem ich ein paar Leuten die Hand geschüttelt hatte, die das Gebäude verließen, führte ich ihn in mein Büro. Dort erzählte er mir, dass er zum ersten Mal in unserer Gemeinde gewesen sei. Er war in einem anderen Teil des Landes aufgewachsen, vor Kurzem war er wegen seines Studiums umgezogen und hatte aufgehört, eine Gemeinde zu besuchen. Stattdessen hatte er mit seinen neuen Freunden Partys gefeiert. Seit etwa einem Jahr orientierte er sich an diesen Freunden und hatte, ihrem Beispiel folgend, viele unverbindliche sexuelle Beziehungen zu jungen Frauen unterhalten. Doch ein Ereignis hatte ihn dann so zum Nachdenken gebracht, dass er sich unbedingt mit jemandem aussprechen wollte. Er schaute mich befangen und voller Scham an: »Pastor, ich bin doch eigentlich Christ! Warum mache ich das?«

Während ich zuhörte, brach es aus ihm heraus. Die Schuld, die Wut, die Verletzungen. Etwa fünf Minuten lang schüttete er mir sein Herz aus – mir, einem Mann, den er nie zuvor getroffen hatte. Schließlich fragte er: »Pastor, warum bin ich so schwach geworden?«

»Du bist nicht schwach«, sagte ich ihm. »Was du in den letzten zehn Minuten getan hast, ist sehr mutig gewesen. Du hast eine fremde Gemeinde betreten, hast den Pastor angesprochen und ihm deine Schuld und deine Probleme bekannt. Du hattest keine Ahnung, wie ich reagieren würde. Du wusstest nicht, ob ich angewidert oder mitfühlend, zornig oder gnädig sein würde. Wenn du stark genug gewesen bist, um das zu tun, dann bist du auch stark genug, dein Verhalten zu ändern. Du brauchst nur umzukehren, dein Leben erneut Christus zur Verfügung zu stellen und dann den Mut, den du heute bewiesen hast, darauf zu verwenden, das Richtige zu tun – egal, was deine Freunde dazu meinen. Oh, und such dir ein paar neue Freunde!«

Ich leitete ihn in einem Bußgebet an, sprach ihm Gottes Vergebung zu und ermutigte ihn, der Mann zu werden, den Gott in ihm sah.

Bevor er ging, fragte ich ihn, warum er ausgerechnet zu unserer Gemeinde gekommen war. In Orange County in Kalifornien mangelt es nicht gerade an Gemeinden.

»Ich habe euch im Internet gefunden«, erklärte er mir. »Ich wollte eine kleine Gemeinde, denn mir war klar, dass ich nur dort am Sonntagmorgen mit dem Pastor sprechen könnte, ohne vorher einen Termin zu vereinbaren.«

»Du brauchst keinen Pastor, um deine Sünden zu bekennen«, erinnerte ich ihn. »Es gibt in dieser Gegend viele gute Gemeinden, in denen du mit jemandem aus dem Seelsorgeteam genauso leicht hättest sprechen können wie mit mir.«

»Ich weiß«, sagte er. »Wegen einer solchen Sache wollte ich nicht mit einem Seelsorger sprechen. Mit einem Pastor zu sprechen, war für mich der einzige Weg, um herauszufinden, wie ernst ich diese Sache nehmen muss. Danke für das Gespräch!«

Wir gaben uns die Hand und er trat aus meinem Büro in den nun stillen Gemeindeflur. Die Gottesdienstbesucher waren nach Hause gegangen. Als ich durch das Gebäude ging, um überall abzuschließen und das Licht auszumachen, lächelte ich.

Nur in einer kleinen Gemeinde ..., dachte ich.

Es gibt keine ideale Gemeindegröße. Jede Größe ist richtig für die Bedürfnisse der Menschen, die dort sind. Und während es viele Dinge gibt, die große Gemeinden anbieten können und kleine Gemeinden nicht, gibt es auch einige Dinge, die kleine Gemeinden anbieten können und große Gemeinden nicht. Hier ein paar Beispiele:

Mein Pastor kennt meinen Namen

Wie die obige Geschichte zeigt, hat nur in einer kleinen Gemeinde jeder direkten Zugang zum Pastor.

Manche Menschen haben nicht das Bedürfnis nach diesem Zugang, aber viele Menschen schon. Viele große und sehr große Gemeinden haben Kleingruppen, in denen sich der jeweilige Leiter um die Mitglieder kümmert. Aber manche Menschen – meiner Erfahrung nach die meisten – möchten pastorale Dienste lieber von der Person empfangen, die sonntags predigt. Wir können den Menschen das Rancher-Modell des Gemeindewachstums erklären und uns dabei den Mund fusselig reden, doch die meisten von ihnen haben weiterhin das frustrierende Bedürfnis, pastorale Betreuung tatsächlich von ihrem Pastor zu empfangen.

Das ist einer der Gründe, warum ich überhaupt Pastor geworden bin. Ich will kein Verwalter sein. Ich möchte am Sonntagmorgen zugänglich sein. Ich will unter der Woche keine drei Schichten von Assistentinnen und Mitarbeitern zwischen mir und einem Gemeindemitglied haben. Und ich bin es leid, gesagt zu bekommen, dass dieser Wunsch Gottes Wirken irgendwie einschränken würde.

Viele, wenn nicht die meisten Menschen, die eine kleine Gemeinde besuchen, tun das größtenteils, weil sie sich persönlichen Zugang zu jemandem wünschen, der ihren Namen kennt und sie in ihrem geistlichen Wachstum begleitet. Jemand, der sie auf einer persönlichen Ebene herausfordert, weil er sie persönlich kennt. Sie nehmen weniger grandiose Predigten, zweitklassige Musik und suboptimale Räumlichkeiten in Kauf, wenn sie wissen, sie können jemanden anrufen, der persönlich für sie da sein wird. Der ihnen mit Rat und Ermutigung zur Seite steht, wenn sie geistliche Stärkung brauchen, oder sie auch in ihrem geistlichen Wachstum herausfordert.

Viele Menschen bevorzugen kleine Gemeinden, in denen der Pastor zugänglich ist und ihren Namen kennt.

Ich glaube an das »Priestertum aller Gläubigen«. Deshalb glaube ich, dass meine Gebete als Pastor keine größere Wirkung haben als die Gebete anderer gläubiger Christen. Ich glaube jedoch auch, dass Leiterschaft und Berufung von großer Bedeutung sind. Aus diesem Grund ist es vielen Menschen wichtig, dass der Pastor persönlich für sie betet, sie in der Seelsorge begleitet und im Krankenhaus besucht.

Viele Christen erhalten ihre geistliche Nahrung in großen Versammlungen mit einem tollen Programm und hervorragender Bibellehre. Den persönlichen Kontakt erleben sie in einer Kleingruppe oder im Seelsorgegespräch mit einem Gemeindemitarbeiter. Aber die meisten Christen wollen vom Leiter geleitet werden. Sie wollen die Gewissheit haben, dass sie für ihren Pastor wichtig sind.

Ich denke, das ist einer der Gründe, weshalb die meisten Menschen, die eine Gemeinde besuchen, in eine kleine Gemeinde gehen. Es ist nicht so, dass sie keine bessere Alternative hätten. Zum Beispiel gibt es mindestens ein halbes Dutzend international bekannter Megachurches, die von unserer Gemeinde aus mit dem Auto erreichbar sind. Aber die Menschen in meiner Gemeinde kommen jede Woche, um mich zu hören. *Mich!*

Der Grund ist nicht, dass ich der beste Prediger im Land wäre (ich bin aber auch keine Niete). Der Grund ist: Wenn wir uns im Supermarkt treffen, kenne ich ihren Namen.

Der Pastor als Gemeindemitglied

Ich bin ein Mitglied meiner Gemeinde, nicht nur der Pastor.

Wenn ich das nächste Mal ein Problem habe, das ich mit jemandem besprechen muss, dann will ich nicht jemanden stundenweise dafür bezahlen müssen, mein Freund zu sein. Ich möchte mit einem echten Freund aus meiner Gemeinde sprechen, so wie jeder andere auch. Rancher können das nicht. Hirten schon. Dies ist auch meine Gemeinde und ich möchte ein Teil von all der Freude, all dem Spaß und aller Freundschaft sein, die sie zu bieten hat. Wenn ich Pastor einer Megachurch wäre, würde es mir fehlen, vor und nach den Gottesdiensten einfach im Foyer mit Freunden zu reden oder die Männer mit Handschlag zu begrüßen, mit denen ich auf der letzten Männerfreizeit ein Zimmer geteilt habe. Es ist bedeutsam für mich, dass ich zum Beispiel bei der Trauung eines jungen Paares den Eltern der Braut, die stolz in der ersten Reihe sitzen, zulächeln kann, während wir drei uns an den Tag erinnern, an dem wir im Altarraum standen und ich die Braut als Baby getauft habe.

In über 25 Dienstjahren habe ich mit Hunderten von Pastorenkollegen über unsere gemeinsamen Herausforderungen gesprochen. Ich habe festgestellt, dass viele Pastoren großer Gemeinden ihre wichtigsten Freundschaften unter anderen Pastoren großer Gemeinden finden. Das ist verständlich. Es gibt in ihrem Leben viele Berührungspunkte und solche Freundschaften können sehr bereichernd sein. Aber ich habe auch festgestellt, dass sie sehr viel härter arbeiten müssen, um geistlich nicht den Halt zu verlieren, denn je größer die Gemeinde wird, desto weniger Nahrung bekommen sie selbst von ihr.

Das ist für Pastoren großer Gemeinden ein echtes Dilemma. Je größer die Gemeinde, desto mehr muss sich die Rolle des Pastors verändern – weg vom persönlichen Hirten hin zur administrativen Aufsicht.

Ich begriff dieses Dilemma vor einigen Jahren, als ich eine Konferenz an der Westküste Kaliforniens besuchte und von einem anderen Pastor eine Eintrittskarte für ein exklusives Mittagessen mit Andy Stanley, dem Gründer dieser Konferenz, erhielt. Das war eine tolle Gelegenheit, mit 30 anderen Pastoren zusammenzusitzen und Andy ein paar persönliche Fragen zu stellen.

Bei dieser Gelegenheit erzählte Andy eine Geschichte, die für mich einen der größten Unterschiede zwischen einer kleinen und einer großen Gemeinde veranschaulicht:

Kürzlich war eine Frau an ihn herangetreten, ein relativ neues Mitglied seiner Gemeinde. Sie bat ihn sehr beharrlich um ein persönliches Gespräch. Seine Antwort war, dass es ihm nicht möglich sei, Einzelgespräche mit Gemeindemitgliedern zu führen, da es einfach zu viele seien.

Dann sagte er uns, was er der nächsten Person erklären würde, die mit einer ähnlichen Bitte an ihn herantrat: Der Grund, weshalb er sich nicht persönlich mit ihr treffen konnte, war derselbe Grund, weshalb ihr die Gemeinde so gut gefiel. Die Gemeinde war so groß geworden und bedeutete so vielen Menschen so viel, eben *weil* er seine Zeit darauf verwendete, seine Mitarbeiter in ihrem Dienst anzuleiten und zu unterstützen, statt sich um die persönlichen Bedürfnisse der einzelnen Mitglieder zu kümmern.

Ich verstehe das. Ich schätze das. Aber ich könnte es nicht.

Das ist niemandes Schuld. Weder die von Andy Stanley noch meine. Denn daran ist nichts verkehrt.

Wir alle haben einen unterschiedlichen Gaben-Mix. Manche funktionieren am besten in einer bestimmten Gemeindegröße, aber nicht in einer anderen. Andy Stanleys administrativer Stil erfüllt bestimmte Bedürfnisse, während mein persönlicher Stil andere Bedürfnisse erfüllt.

Verstehen Sie mich nicht falsch. Ich freue mich über jedes zahlenmäßige Wachstum, das wir erleben, und ich werde tun, was an Anpassungen nötig ist, um ein solches Wachstum zu ermöglichen und zu fördern. Aber ich würde über den Verlust von etwas trauern, falls unsere Gemeinde rapide wachsen sollte – Vertrautheit.

Vertrautheit und Verantwortlichkeit

Vor Kurzem war ich in dem Secondhand-Buchladen unserer Stadtbücherei und hörte dort zufällig ein Gespräch zwischen zwei Mitarbeiterinnen, die Bücher in Regale sortierten. Als ich an ihrem Gang vorbeikam, hatten diese beiden Frauen gerade entdeckt, dass sie dieselbe Megachurch besuchten. Die ältere Frau sagte, sie gehe seit Jahrzehnten in diese Gemeinde, die jüngere seit einigen Jahren. Der Pastor war länger krank gewesen und hatte am vergangenen Wochenende zum ersten

Mal wieder gepredigt. Die ältere Frau brachte zum Ausdruck, wie sehr sie ihn vermisst habe und wie schön es sei, dass er nun wieder predigte.

»Hast du ihm das gesagt?«, fragte ihre Freundin.

»Oh nein! Du weißt ja, dass die Gemeinde inzwischen so groß ist, dass niemand einfach zum Pastor gehen und mit ihm reden kann.«

»Stimmt. Es ist eine tolle Gemeinde, aber ich gehe jetzt schon seit mehreren Jahren dorthin und kenne eigentlich niemanden.«

»Wenn du Leute kennenlernen willst, musst du in eine kleine Gemeinde gehen.«

Es entstand eine Pause.

»Dort kennst du jeden«, sagte die jüngere Frau.

»Und alle kennen dich«, antwortete die ältere.

Sie schwiegen erneut und die letzten Bemerkungen hingen zwischen ihnen im Raum. Ich blieb in ihrer Nähe und versuchte, sehr beschäftigt zu wirken.

»Also«, sagte die ältere Frau und hob einen Stapel Bücher auf. »Wo kamen die gleich noch mal hin?«

Sie nahmen ihre Arbeit wieder auf, als ob die vorangegangene Unterhaltung nie stattgefunden hätte.

Vertrautheit und Verantwortlichkeit. Kennen und gekannt werden. Manche Menschen mögen das, andere nicht. Ich mag Vertrautheit. Ich mag auch große Events. Meine Frau und ich waren vor einigen Jahren auf einem U2-Konzert. Zu der überwältigenden Atmosphäre dieses Konzerts trug bei, dass wir Teil einer Menschenmenge von über 120.000 Personen waren – es war eine Show in einem spektakulär großen Rahmen.

Aber wenn eine Menge eine bestimmte Größe erreicht, ist das alles, was sie sein kann – eine Menge. Ein Publikum.

Wir brauchen eine kleinere Gruppe, wenn wir uns Vertrautheit wünschen. Die meisten großen Gemeinden bieten dies an – als zusätzliches Angebot. Doch in einer kleinen Gemeinde ist das unvermeidlich. Manche Menschen lieben das an kleinen Gemeinden. Andere nicht, denn wie die Unterhaltung der beiden Frauen in dem Buchladen deutlich machte, geht Vertrautheit Hand in Hand mit etwas anderem – Verantwortlichkeit. Wir *brauchen* beides. Jeder von uns. Doch nicht jeder *will* beides.

Es überrascht mich nicht, dass manche Menschen weniger wegen des hervorragenden Programms eine große Gemeinde besuchen, sondern weil sie dort anonym bleiben können. Sie können kommen, ohne sich zu verpflichten, empfangen, ohne zu geben, hinein- und hinausschlüpfen, ohne jemals jemanden kennenzulernen – oder von jemandem gekannt zu werden.

Viele große Gemeinden haben ein System, mit dem sie den Menschen anbieten, sich anderen Menschen gegenüber zu öffnen und in ihr Leben hineinschauen zu lassen. Aber in einer großen Gemeinde muss man sich bewusst dazu entscheiden und sich dazu anmelden. Viele tun das nicht.

In einer kleinen Gemeinde ist das schwieriger. Sie werden vermisst, denn die Lücke, die Sie hinterlassen, ist größer. Sie lernen jeden kennen, aber das bedeutet auch, dass jeder *Sie* kennt.

Wenn ich unsere gegenwärtige Kultur betrachte, dann sehe ich, wie viele Menschen vor Vertrautheit fliehen. Zugleich scheint es in den Herzen der Menschen eine immer stärker werdende Sehnsucht nach echter Vertrautheit und »Gesehenwerden« zu geben. Wenn diese Sehnsucht in der Gemeinde nicht gestillt wird, werden sie woanders suchen. Lebendige, gesunde kleine Gemeinden haben eine einmalige Gelegenheit, diesen Hunger der nächsten Generationen zu stillen. Wenn wir diese Chance jetzt verpassen, wird die Tür vielleicht für lange Zeit geschlossen sein.

Lebendige kleine Gemeinden können die Sehnsucht nach Vertrautheit und Gesehenwerden stillen.

Als Pastor ist es ein großes Vorrecht, am Sonntag während der Predigt vor zumeist vertrauten Gesichtern zu sprechen. Vor Menschen, die in der vergangenen Woche vielleicht meinen Rat gesucht haben, mit denen ich fröhliche oder ernsthafte Gespräche geführt und gebetet habe. Menschen, die mir erlaubt haben, in ihr Leben hineinzusprechen.

Ich habe auch schon vor größeren Menschengruppen gepredigt und habe solche Gelegenheiten gerne wahrgenommen. Aber ich war niemals Pastor einer Megachurch, habe nie Woche für Woche auf ein Meer von Gesichtern geblickt, von denen ich die meisten nicht kannte. Daran ist nichts verkehrt. Doch ich finde größere Erfüllung darin, wenn ich die Namen der meisten Menschen vor mir kenne. Es ist dann mehr wie ein Dialog als ein Monolog.

Weil ich Pastor einer kleinen Gemeinde bin, spreche ich nicht vor »Publikum«. In meiner Predigt kann ich Einzelne ansprechen. Ich verwende natürlich keine Details aus den Seelsorgegesprächen mit meinen Gemeindegliedern als Predigtbeispiele. Aber allein die Tatsache, dass ich etwas über die Nöte und Kämpfe vieler weiß, ermöglicht es mir, meine Predigten treffender, hilfreicher und persönlicher zu gestalten. Das wäre nicht möglich ist, wenn ich zu einer großen Menschenmenge sprechen würde oder zu Menschen, die die Predigt zu Hause über das Internet verfolgen.

Ich habe nichts gegen Megagemeinden. Ich begrüße es, wenn Systeme und Technologien genutzt werden, um die Verbreitung des Evangeliums voranzubringen. Aber es besteht ein großer Unterschied zwischen »Der Pastor kennt meinen Namen«, »Vielleicht sieht der Pastor mein Gesicht in der Menge«, »Ich sehe das Bild des Pastors auf der Leinwand, aber er kann mich nicht sehen« oder gar »Ich wechsle den Kanal und die Webseite und schaue mal für eine Weile einen anderen Gottesdienst an«. Irgendwo auf dieser Skala geht die Vertrautheit verloren.

Und an irgendeinem Punkt hört es auch auf, Gemeinde zu sein, oder nicht?

Mehr »echte« Momente

Während ich dies schreibe, genießen meine Frau und ich einen wunderschönen Sonntagnachmittag am Lake Arrowhead in den San Bernardino Mountains in Kalifornien. Ich bin hierhergekommen, um mir eine Auszeit zu nehmen und einen großen Teil dessen zu schreiben, was Sie gerade lesen. Heute Morgen haben Shelley und ich eine kleine Gemeinde in der Stadt besucht.

Diese Gemeinde hat normalerweise eine vollständige Band, die sie in der Lobpreiszeit leitet, aber heute war der Lobpreisleiter krank. Also griff ein anderer Mitarbeiter nach der Gitarre und ein zweiter nahm ein Mikro, um ihn im Gesang zu unterstützen. Der Gitarrist bat uns, für den Lobpreisleiter zu beten. Dann sagte er uns, alles, was *er* heute tun könne, sei einige Lieder zu singen, die er kannte. Und er hoffe, wir würden sie auch kennen.

Er stimmte ein paar einfache Lieder an. Wie er vermutet hatte, kannten wir einige, aber nicht alle. Sein Begleiter auf der Bühne schien ebenfalls nicht alle zu kennen. Jeder im Gottesdienst fühlte sich aufgrund der Umstände verantwortlich, ihn zu unterstützen, also gaben wir unser Bestes. Musikalisch gesehen war es sicherlich nicht das, was die Gottesdienstbesucher erwartet hatten, als sie an dem Morgen gekommen waren. Aber der Gitarrist hatte die richtige Herzenshaltung und war ein passabler Musiker und Sänger. Das war gut genug. Geistlich gesehen war es jedoch etwas ganz anderes. Da war Vertrautheit! Manchmal war es etwas unbeholfen, aber die Vertrautheit mit ihren unbeholfenen Momenten gehörte zu dem, was es echt machte. Und das wiederum machte es besonders.

In einer großen Gemeinde passieren »echte« Momente normalerweise selten, denn sie geschehen unabsichtlich, und große Gemeinden tun selten etwas Unabsichtliches. Große Gemeinden haben Back-up-Pläne, die auch Back-up-Bands beinhalten. Und das sollten sie auch.

Ich habe tatsächlich begonnen, misstrauisch gegenüber Gottesdiensten zu werden, die es mir zu leicht machen. Anbetung sollte mich etwas kosten, ganz egal, wer ich bin. Nein, ich wünsche mir keinen Gottesdienst, der meine Anbetungserfahrung behindert, aber er sollte mich herausfordern, oder nicht? Ich möchte Teil einer Anbetungserfahrung sein, die meine aktive Beteiligung erfordert, statt Passivität zu fördern.

Menschen sehnen sich nach Authentizität – im Alltag wie im Gottesdienst.

Ich möchte das nicht beschönigen. »Echte« Momente in kleinen Gemeinden entwickeln sich nicht immer so gut wie der, von dem ich gerade erzählt habe. Aber in kleinen Gemeinden geschehen sie öfter als in großen. Nach dieser Authentizität – selbst wenn sie nicht so glatt und geschliffen ist (vielleicht gerade *weil* sie nicht so glatt und geschliffen ist) – sehnen sich Menschen, jüngere wie ältere. Im Alltag und im Gottesdienst.

Eine längere Lernkurve

In großen Gemeinden wird von Mitarbeitern ein hohes Maß an Kompetenz verlangt, vor allem in den sichtbaren Dienstbereichen. Und das ist auch richtig so. Doch wo bekommen die Leute am Beginn oder in der Mitte der Lernkurve die Gelegenheit, besser zu werden und zu wachsen?

Als ich in meiner jetzigen Gemeinde Pastor wurde, verlangte man von den ehrenamtlichen Mitarbeitern keine besondere Kompetenz. Bereitschaft war alles, was nötig war. Kompetenz war eine Zugabe.

Ich kam in eine Gemeinde mit durchschnittlich 35 sehr entmutigten Gottesdienstbesuchern, von denen die Hälfte Senioren waren. Kurz vor meinem Eintreffen hatten einige der Leiter diskutiert, ob man darüber abstimmen sollte, die Türen zu schließen.

Der Jugendpastor kümmerte sich unter der Woche toll um die Kids, aber er hatte erst wenige Jahre zuvor selbst die Highschool abgeschlossen und war für seinen Dienst kaum ausgebildet – vom »Learning by Doing« einmal abgesehen. Nur sehr wenige seiner Jugendlichen konnten davon überzeugt werden, am Sonntagmorgen zum Gottesdienst zu kommen.

Auf der Bühne standen ein Klavier und eine kleine Orgel, die seit Jahren nicht benutzt worden waren, weil niemand darauf spielen konnte. Vor meinem ersten Gottesdienst habe ich die Orgel schnell entfernt, aus Angst, dass jemand kommen, das Instrument sehen und sagen könnte: »Ich kann darauf spielen!«

Die Gemeinde betrieb einen Kindergarten, der von Montag bis Freitag gut besucht war, aber nicht eins der Kinder, kein Elternteil und kein Erzieher besuchte die Gemeinde. Ich könnte so weitermachen, aber ich denke, Sie wissen, wovon ich spreche.

Also ging ich zu der Bibelschule unserer Denomination, die junge Pastoren ausbildete und nur zehn Minuten von unserer Gemeinde entfernt war, um ehrenamtliche Mitarbeiter zu werben. »Es ist keine Erfahrung nötig«, versicherte ich immer wieder, während ich mehrere Monate lang Studenten fragte, ermutigte, überredete und anbettelte. Ich sprach mit zukünftigen jungen Pastoren darüber, dass ich ihnen ein Umfeld bieten könne, in dem sie ihre Fähigkeiten ausprobieren konnten – Predigt, Andachten, Gesang, musikalische Begleitung, was auch immer. Alles, worum ich bat, war so viel Verbindlichkeit, wie sie neben dem Unterricht eben erübrigen konnten, und ein Minimum an Kompetenz. Zu meiner Überraschung kamen sie tatsächlich!

Zuerst waren es nur Einzelne, doch im neuen Semester kamen sie dann in Scharen. Mit »Scharen« meine ich etwa 50 Studenten, die unsere Gemeindegröße über Nacht verdoppelten. Die Nachricht hatte sich verbreitet, dass es in der Nähe der Schule eine Gemeinde gab, in der sie sich ausprobieren, scheitern, wachsen und besser werden konnten und dabei liebevoll begleitet wurden.

Uns wird oft gesagt, dass wir nach Exzellenz und guter Qualität in unseren Gemeindeangeboten streben sollten, weil Gott nichts Geringeres als unser Bestes verdiene. Ich habe das in so gut wie jedem Buch über Gemeindewachstum gelesen und bei fast jeder Pastorenkonferenz gehört. Doch wenn ich in jenen Anfangstagen auf diesem Standard bestanden hätte, dann würde unsere Gemeinde heute mit Sicherheit nicht mehr existieren.

Es ist unbestreitbar, dass gute Qualität und das Streben nach Perfektion ihre Berechtigung haben. Doch ist es vielleicht möglich, dass wir das Streben nach Perfektion über das Gebot gestellt haben, Gott gehorsam zu sein?

Ich denke nicht, dass Gott sich nur mit dem Besten zufriedengibt, was wir zu bieten haben. Nur weil viele Leute etwas sagen, ist es deshalb noch lange nicht wahr. Wenn Leute sagen, dass Gott nur das Beste verdiene – was ist dann mit den Jüngern, die Jesus ausgewählt hat?

Statt einer Forderung nach Exzellenz und Perfektion lese ich in der Bibel, dass Gott uns mit allem möchte, was in uns steckt. Das Beste, das Schlechteste und alles dazwischen. In kleinen Gemeinden sollten wir deshalb einen sicheren Ort anbieten, an dem wir uns so unperfekt, wie wir sind, einbringen und unsere Gaben nach und nach entwickeln können.

> **In kleinen Gemeinden können wir einen sicheren Ort anbieten, an dem wir unsere Gaben nach und nach entwickeln können.**

Wir brauchen Orte, an denen Menschen, die erst einmal nicht viel mehr bieten können als Bereitschaft, Leidenschaft und Verbindlichkeit, ihre Fähigkeiten trainieren und in einem liebevollen Umfeld Fehler machen können. Das muss doch mindestens genauso wertvoll sein wie eine Bühnenshow, bei der alles glattgeht, oder?

Als diese ersten Scharen von Studenten zu uns kamen, entschieden wir uns dazu, eine Art »Ausbildungsgemeinde« zu sein, ähnlich, wie manche Krankenhäuser Ausbildungskrankenhäuser sind. Infolgedessen sind viele Menschen für eine kürzere oder längere Zeit in unserer Gemeinde gewesen, haben wertvolle Erfahrungen für den Dienst gesammelt und unbezahlbare Lektionen fürs Leben gelernt. Manche von ihnen sind immer noch da, aber die meisten sind weitergezogen. Viele haben uns nach ihrer Absolvierung verlassen. Einige von ihnen sind gegangen, weil sie in ihrem Dienst so gut geworden sind, dass größere Gemeinden mit einem größeren Budget sie eingestellt haben.

Während ich dies schreibe, erinnere ich mich mit Leichtigkeit an die Namen von Dutzenden von Studenten, die kaum wussten, wie sie sich selbst nicht im Weg stehen sollten, als sie das erste Mal auf unserer Bühne sangen oder in einem unserer Hauskreise eine Bibelarbeit leiteten. Jetzt arbeiten sie mit großer Kompetenz und Leidenschaft in kleinen, mittelgroßen, großen und sehr großen Gemeinden in unserem Land und auf der ganzen Welt.

Wenn Sie sich unsere Besucherzahlen ansehen, mag es nicht so aussehen, als ob dieser Dienstansatz zum Wachstum der Gemeinde geführt hätte. Aber täuschen Sie sich nicht – er trug sehr wohl zum Wachstum der Gemeinde bei. Bereitschaft braucht einen Trainingsplatz, an dem die eigenen Fähigkeiten verfeinert und Gaben weiterentwickelt werden können. Kleine Gemeinden sind seit Beginn der Christenheit dieser Trainingsort gewesen und werden es auch weiterhin sein, solange Christus seine Gemeinde baut.

Wenn Sie das nächste Mal in einer großen Gemeinde sind, denken Sie einen Moment über Folgendes nach: Während Sie von einem inspirierenden Lobpreisleiter in die Anbetung geführt werden, eine hervorragende Predigt hören oder Ihr Kind von einer erstklassigen Kinderstunde abholen, seien Sie dankbar, dass diese Gemeinde Ihnen all das bietet – rein auf Spendenbasis. Große Gemeinden sind einer der wenigen Orte in unserer Kultur, die so etwas noch ohne Bezahlung tun.

Dann nehmen Sie sich einen Moment Zeit, um einer kleinen Gemeinde zu danken. Denn wahrscheinlich haben die Menschen, die diese Dienste anbieten, dort angefangen.

Die Erlaubnis, Fehler zu machen

Während meines Bewerbungsprozesses, um Pastor in meiner gegenwärtigen Gemeinde zu werden, wurde ich nach meiner Vision für die Gemeinde und für den Stadtteil gefragt.

Ich antwortete, dass ich keine hätte.

Wie ich dem sehr verwirrten Pastoren-Such-Komitee erklärte, schien es mir vermessen zu sein, wenn ich behaupten würde, ich hätte die Antworten für eine Gemeinde und einen Stadtteil, die ich bisher nur wenige Stunden kannte. Ich sagte ihnen, wenn Gott mich zum Pastor ihrer Gemeinde berufen sollte, dann würde ich die ersten Jahre damit verbringen, mit ihnen gemeinsam diese Vision zu entdecken.

Das ist nun 20 Jahre her und ich bin immer noch hier, also hat diese Antwort wohl funktioniert.

Die Handvoll Leute, die die Gemeinde zu jener Zeit besuchten, waren fast ausschließlich Senioren, aber in der Nachbarschaft wohnten vor allem junge Familien – diejenige eingeschlossen, die ich mitbringen würde. Ich sagte ihnen, wenn ich ihr Pastor werden würde, dann würde das Leben für sie chaotisch und laut werden. Um jüngere Leute anzuziehen (was sie wollten, wie sie mir sagten), würden wir einige Dinge ausprobieren, bei denen sich manche der gegenwärtigen Mitglieder vielleicht unwohl fühlen würden. Auch könnte es sein, dass sich die Situation der Gemeinde erst noch weiter verschlechterte, ehe sie sich bessern würde.

In den ersten Monaten probierte ich einige Veranstaltungen und Strategien aus, die ihre Chaos- und Lärmtoleranz gründlich auf die Probe stellten. Manche dieser Ideen haben funktioniert, doch die meisten scheiterten kläglich.

Nach einem besonders großen Misserfolg erwartete ich, dass das Leitungsteam der Gemeinde mich ordentlich zusammenstauchen würde. Also ging ich sehr angespannt zum Ältestentreffen. Als wir auf der Agenda zu dem Punkt kamen, bei dem es darum ging, meine jüngste Katastrophe zu besprechen, begann ich mich zu entschuldigen. Doch ehe ich den ersten Satz herausbringen konnte, unterbrach mich einer der Ältesten: »Stopp!« *Junge,* dachte ich, *sie sind so sauer, dass sie noch nicht einmal meine Entschuldigung hören wollen. Ich hoffe, wir haben noch einige Umzugskisten aufbewahrt …*

Der Älteste fuhr fort: »Ich weiß, was du jetzt sagen willst. Es lief nicht so gut. Aber ich spreche für uns alle, wenn ich sage, dass wir dankbar sind, dass du dich so für unsere Gemeinde einsetzt. Du hast uns angekündigt, dass nicht alles glattgehen würde, und du hattest recht.«

Ich lachte nervös. Ich war der Einzige, der lachte.

»Pastor«, sagte der Älteste und beugte sich zu mir herüber. »Wir geben dir die Erlaubnis, Fehler zu machen.«

Hat ein Pastor bei einem Ältestentreffen je süßere Worte gehört? Ich glaube nicht. Ich hätte mich nicht besser fühlen können, wenn sie mir angeboten hätten, mein Gehalt zu verdoppeln. Na ja, vielleicht ein kleines bisschen besser …

Es ist offensichtlich, dass nicht alle kleinen Gemeinden so gnädig sind. Und ich sage nicht, dass wir es uns zur Gewohnheit machen sollten, Fehler zu machen, nur weil wir es dürfen. Doch nur in kleinen Gemeinden ist es möglich, über Monate oder sogar Jahre hinweg die »Trial-and-Error-Methode« anzuwenden.

Fehler kosten in großen Gemeinden zu viel. Große Gemeinden sind wie große Schiffe und große Firmen. Veränderung geschieht oft langsam, weil es zu teuer ist, Risiken einzugehen, ohne umfangreiche Planungen, die Bestätigung der Zielgruppe und die Bereitstellung eines entsprechenden Budgets.

Seitdem mir an jenem Tag von den Ältesten meiner Gemeinde so viel Barmherzigkeit entgegengebracht wurde, habe ich versucht, diese weiterzugeben. Ich erwarte von meinen angestellten und ehrenamtlichen Mitarbeitern keine Perfektion. Ich erwarte Leidenschaft und Verbindlichkeit. Ich sage ihnen auch, dass jeder, der einmal etwas Besonderes oder Neues probiert hat, Fehler gemacht hat. Wenn Sie keine Fehler machen, wachsen Sie auch nicht.

Es gibt eine emotionale und geistliche Reife, die wir nur erlangen können, wenn wir hinfallen, wieder aufstehen und es noch einmal versuchen. In einer kleinen Gemeinde gibt es dafür mehr Raum.

Die Bedürfnisse der Menschen in kleinen Gemeinden stillen

In kleine Gemeinden gehen Menschen mit ganz unterschiedlichen Persönlichkeiten. Es sind beileibe nicht alles Menschen, die nicht möchten, dass die Gemeinde wächst, und lieber alles beim Alten lassen.

Manche Menschen gehen einfach lieber in eine kleine Gemeinde als in eine große Gemeinde. Dort finden sie für sich die beste geistliche Nahrung und bessere Gelegenheiten zu dienen und zu wachsen.

Manche Menschen gehen lieber in eine kleine als in eine große Gemeinde.

Große Gemeinden und Megachurches erfüllen die Bedürfnisse von Menschen, die gerne in große und sehr große Gemeinden gehen. Ich bin dankbar, dass sie das tun. Doch vergessen wir nicht die Bedürfnisse der übrigen Bevölkerung. Diejenigen, die sich in großen Menschenmengen verloren fühlen. Diejenigen, die Woche für Woche vertraute Gesichter sehen möchten.

Diese Leute sind nicht dagegen, dass neue Menschen in ihre Gemeinde kommen. Sie sind nicht gegen Evangelisation oder neue Dienstbereiche, die ein Segen für ihre Nachbarschaft sind. Sie finden einfach, dass eine kleine Gemeinde ihre Bedürfnisse am besten erfüllt – nicht eine Kathedrale oder ein ehemaliges Einkaufszentrum.

Einmal hörte ich im Radio das Lied »Small Town« des Rock- und Folksängers John Mellencamp. Ich erwartete nichts Tiefgehendes. Deshalb war ich überrascht, als die vertrauten Zeilen, die mich übers Radio erreichten, mich mit einem Mal daran erinnerten, warum so viele Menschen gerne in eine kleine Gemeinde gehen.

Wenn Sie den Liedtext im Internet hören oder lesen, verstehen Sie, was ich meine. Lesen Sie einfach die Verse, in denen Mellencamp das Leben in einer Kleinstadt preist, und ersetzen Sie »Stadt« durch »Gemeinde«. Ich zeige es Ihnen anhand eines Auszugs: »Ausgebildet in einer kleinen Gemeinde. Jesus kennen- und lieben gelernt in einer kleinen Gemeinde ... Nein, ich kann nicht vergessen, wo ich herkomme. Ich kann nicht die Menschen vergessen, die mich lieben. Ja, hier in dieser kleinen Gemeinde kann ich sein, der ich bin.«

Es ist interessant, dass es für die meisten Leute völlig in Ordnung ist, das Leben in einer Kleinstadt zu zelebrieren. Aber wenn Sie sich die Vorzüge einer kleinen Gemeinde wünschen, werden Sie mit einem Mal als Visionstöter abgestempelt.

Die nächste Gemeinde- (oder Welt-) Revolution

Sollte die Gemeinde Jesu jemals eine neue Reformation erleben, wird der zündende Funke höchstwahrscheinlich von einer kleinen Gemeinde oder einem Netzwerk kleiner Gemeinden ausgehen. Es ist unwahrscheinlich, dass er von einer großen Gemeinde oder einer ganzen Denomination kommen wird. Diese Erkenntnis ist einer der Hauptgründe, weshalb ich solch ein Cheerleader für kleine Gemeinden geworden bin.

Eine Revolution geschieht nie, indem man die besten, klügsten und erfolgreichsten Menschen zusammenbringt. Wenn das geschieht, passen Sie auf Ihre Brieftaschen und Freiheiten auf! Wenn sich die Mächtigen zusammentun, tun sie das niemals, um den Status quo zu verändern. Die bloße Tatsache ihres Erfolgs bedeutet, dass das gegenwärtige System für sie funktioniert. Warum würden sie es also verändern wollen?

Die Amerikanische Revolution ist ein sehr gutes Beispiel dafür. Wenn wir heute die glorreichen Darstellungen von George Washington, Alexander Hamilton, Benjamin Franklin und anderen in der »Independence Hall« sehen, denken wir: *Das waren die Besten und die Klügsten. Und sie entfachten eine der größten Revolutionen der Welt.* Doch dieses Treffen war erst im Rückblick so bedeutsam – und nur deshalb, weil sie gewonnen haben! Zu jener Zeit waren sie ein zusammengewürfelter Haufen, der vor allem aus Farmern und Kaufleuten bestand. Die Klugen und Mächtigen hingegen saßen in London.

Eine Revolution fängt immer bei den Armen, den Geringen, den Unterrepräsentierten, den wenig Wertgeschätzten an. Das war in der Vergangenheit so und das wird auch in der Zukunft so sein. Als Teil dieses bunt zusammengewürfelten Haufens haben kleine Gemeinden und ihre Leiter eine wichtige Rolle in mehr Revolutionen auf der ganzen Welt gespielt, als die meisten von uns ahnen.

Bei der Gründung Amerikas spielten kleine Gemeinden eine wichtige Rolle – angefangen bei den ersten »Pilgervätern«, die England verließen, weil sie die anglikanische Staatskirche nicht anerkannten und einem politisch kompromittierten Kirchensystem entkommen wollten. 37 der 102 Passagiere, die schließlich auf der »Mayflower« in Richtung »Neue Welt« segelten, waren Mitglieder einer kleinen Gemeinde in der holländischen Stadt Leiden gewesen.

Angefangen mit dieser kleinen Gemeinde kamen seitdem viele Impulse für das Wachstum Amerikas bis hin zur Amerikanischen Revolution und darüber hinaus aus der Theologie, den Beziehungen und Predigten von christlichen Gemeinden. Und die meisten von ihnen waren klein.

Die meisten großen Freiheitsbewegungen wurden in Amerika von kleinen Gemeinden begonnen und aufrechterhalten. Die Funken, die letztlich zur Abschaffung der Sklaverei führten, wurden in kleinen Gemeinden entfacht. Kleine Gemeinden unterstützten vielfach entlaufene versklavte Menschen, bis diese 1863 durch die Emanzipationserklärung befreit wurden.

Später wurde das Wahlrecht für Frauen vor allem durch Predigten initiiert. Diese wiederum wurden größtenteils in kleinen Gemeinden gehalten. Die Bürgerrechtsbewegung der Sechzigerjahre wurde von Dr. Martin Luther King jr. angeführt, dem Pastor einer kleinen Gemeinde namens *Ebenezer Baptist Church*.

Anfang des zwanzigsten Jahrhunderts begann die Azusa-Street-Erweckungsbewegung mit William Seymour, Pastor einer kleinen Gemeinde, die sich in einem baufälligen Gebäude in der Azusa Street in Los Angeles traf.

Dies ist kein typisch amerikanisches Phänomen. Revolutionen auf der ganzen Welt begannen durch Gottes Wirken in kleinen Gemeinden – manchmal beinahe unsichtbar.

Die Geschichte von St. Patrick ist voller Mythen und Legenden, aber wenn man sie auf das reduziert, was als gesichert gilt, entdecken wir, dass er Dutzende, möglicherweise Hunderte von kleinen Gemeinden gründete, die Irland und die Welt veränderten.

Die methodistische Erweckung unter John Wesley begann mit der Schulung und Aussendung von Predigerteams, die mehrere kleine Gemeinden betreuten, indem sie wie Wesley selbst von Dorf zu Dorf ritten. Der Schlüssel zu dieser Erweckung und dem daraus resultierenden Wachstum wird vor allem dem System zugeschrieben, dass einer dem anderen gegenüber verantwortlich war. Die Teams wurden bewusst klein gehalten.

Dietrich Bonhoeffer und die kleine Bewegung der Bekennenden Kirche werden zu Recht für ihren Widerstand gegenüber Adolf Hitler gepriesen, während größere Kirchen und Denominationen den Nazis gegenüber Zugeständnisse machten.

1989 fiel die Berliner Mauer. Inzwischen ist allgemein anerkannt, dass Gebetstreffen in kleinen Gemeinden einer der entscheidenden Katalysatoren waren, die zu diesem Ereignis geführt hatten.

Im Dezember desselben Jahres wurde die rumänische Revolution entfacht, als der rumänische Diktator Nicolae Ceauşescu verfügte, dass Lázló Tőkés von seiner Position als Pfarrer einer kleinen Gemeinde in Timişoara wegen seiner kritischen Haltung gegenüber dem Regime entfernt werden sollte. Tőkés' Gemeindemitglieder umringten dessen Haus, um ihn vor den Regierungstruppen zu schützen. Die nachfolgenden Proteste und Unruhen verbreiteten sich rasch im ganzen Land. Sie führten zu Ceauşescus Verhaftung, Prozess und Hinrichtung, ehe der Monat vorbei war.

Ich bin davon überzeugt, dass eine geistliche Erweckung – vor allem in Europa – nur durch ein Netzwerk kleiner Gemeinden zustande kommen wird. In Europa werden sehr große Gemeinden nach amerikanischem Megachurch-Vorbild eher mit Misstrauen betrachtet. Daher ist eine Basisbewegung kleiner Gemeinden meiner Ansicht nach der einzige Weg, wie das postchristliche Europa eine christliche Erweckung als eine echte geistliche Bewegung wahrnehmen wird.

> **Eine geistliche Erweckung in Europa wird nur durch ein Netzwerk kleiner Gemeinden zustande kommen.**

Revolutionen brauchen immer einen Funken, der sie in Brand setzt. Wer ist der nächste Lázló Tőkés, William Seymour oder Martin Luther King? Was wird die nächste Gemeinderevolution entzünden? Ich weiß es nicht, aber die Geschichte lehrt uns, dass der entscheidende Funke weniger von einer Megachurch kommen wird als vielmehr von einer kleinen Gemeinde oder einem Verband kleiner Gemeinden.

KAPITEL 8

KLEINE GEMEINDE – GROSSE VISION

Bei den *Neuen Kleinen Gemeinden* geht es nicht um ängstliche, unbedeutende Gemeinden.

Es geht nicht um Pastoren und Leiter, die von Schuld oder Furcht angetrieben werden. Es geht nicht um Gemeindemitglieder, die nicht vorwärtsgehen wollen. Es geht ganz sicher nicht darum, sich mit weniger zufriedenzugeben.

Es geht darum zu entdecken, wer wir als Gemeinden, Leiter und Mitglieder sind, und dann dieses neu entdeckte Wissen zu nutzen, um das zu sein, wozu Gott uns berufen hat – auf frischen, neuen Wegen. Das beinhaltet auch, die wunderbaren Vorteile zu entdecken, die damit verbunden sind, klein zu sein.

Kleine Gemeinden müssen wie kleine Gemeinden denken.

Aber klein zu denken, hat nichts damit zu tun, etwas »kleinzudenken«! Und es ist ganz bestimmt keine Entschuldigung dafür, dass man eine kleine Vision hat.

In den letzten Jahrzehnten hat sich die westliche Kirche darauf konzentriert, wie man eine große Vision in eine große Gemeinde verwandelt. Hat uns dieser Fokus für die Möglichkeit blind gemacht, dass wir mit einer großen Vision in einer kleinen Gemeinde wirksam sein können? Falls dem so ist, würden wir eine solche Möglichkeit erkennen, falls sie sich uns böte?

Wie sieht eine kleine Gemeinde mit einer großen Vision aus?

Dies zu entdecken und zu leben, ist der Fokus der *Neuen Kleinen Gemeinden*.

Natürlich sind keine zwei Gemeinden gleich. Aber ich möchte mit Ihnen einige Beobachtungen teilen, die ich durch eigene Erfahrungen, in Gesprächen mit Pastoren kleiner Gemeinden und in Jahren des Nachdenkens und Betens gemacht habe.

Es gibt einige Merkmale, die kleine Gemeinden mit einer großen Vision höchstwahrscheinlich gemeinsam haben.

Vergiss deine Schwierigkeiten, werde gesund!

Ich habe zu viele Jahre mit dem Versuch verbracht, die Schuld für mein persönliches Versagen und das Versagen meiner Gemeinde anderen in die Schuhe zu schieben – egal, ob es sich um tatsächliches oder eingebildetes Versagen handelte.

Ich gab meinen Vorgängern die Schuld, weil sie zu wenig gekauft und gebaut hatten.

Wenn sie nur größeren Glauben gehabt und mehr Land gekauft hätten, dann hätte ich jetzt nicht diese Probleme.

Ich gab demografischen Veränderungen in der Nachbarschaft die Schuld.

Wir leben an einem Ort, der für viele Menschen eine Durchgangsstation ist. Es ist schwer, eine Eigendynamik zu entwickeln und ein beständiges Wachstum aufrechtzuerhalten.

Ich gab meinen Theologieprofessoren die Schuld.

Haben sie nicht einige der wichtigsten Lektionen für den pastoralen Dienst außen vor gelassen?

Ich gab den Leuten, die kamen, die Schuld für diejenigen, die nicht kamen.

Dann fragte ich mich, warum auch sie die Gemeinde verließen.

Schließlich schaute ich mich um und sah andere Gemeinden, die vor ähnlichen Herausforderungen standen wie wir und dennoch ein erstaunliches Wachstum verzeichneten.

Also wandte ich mich mit meinen Schuldzuweisungen an den einzigen Ort, der übrig blieb:

Ich gab mir selbst die Schuld.
Ich arbeite nicht hart genug.
Ich wende nicht die richtigen Prinzipien in der richtigen Weise an.

Ich bin nicht in der richtigen Gemeinde, der richtigen Stadt, im richtigen Dienstbereich, um meine Berufung zu erfüllen.
Ich habe den Ruf Gottes verpasst.

Als ich endlich eine gesunde Selbstwahrnehmung entwickelte – persönlich und in Bezug auf meine Gemeinde –, wurde mir klar, dass keine dieser Entschuldigungen stichhaltig war.

Wie sich herausstellte, waren viele meiner Misserfolge ... gar keine Misserfolge!

Früher dachte ich: Dass meine Gemeinde unter meiner Leitung nicht groß wird, zeigt, dass ich einfach nicht gut bin.

Doch ich musste die Dinge vergessen, die ich *nicht* bin, und stattdessen anfangen, die Dinge wertzuschätzen, die *ich bin*.

Gesunde Gemeinden wachsen nicht unter der Leitung eines missmutigen, niedergeschlagenen Pastors.

Ich habe meine Geschichte auch deshalb aufgeschrieben, weil ich anderen Pastoren kleiner Gemeinden helfen will, das zu tun, wozu ich zu viele Jahre gebraucht habe: zu entdecken und mich an dem zu erfreuen, was ich bin und kann.

Wir müssen damit aufhören, Erfolg an zahlenmäßigem Wachstum zu bemessen, und stattdessen beginnen, Gesundheit als Hauptindikator für Erfolg zu sehen. Eine gesunde Gemeinde, die nicht zahlenmäßig wächst, ist besser als eine ungesunde Gemeinde, die wächst.

Als unsere Gemeinde auf über 350 Gottesdienstbesucher angewachsen war (mit Kindern fast 450), war sie nicht länger eine kleine Gemeinde. Aber die Gemeinde war weit weniger gesund und mit Sicherheit weit weniger heilsam für ihren Stadtteil und die Welt, als sie heute mit 200 Gottesdienstbesuchern ist (knapp 250 mit Kindern). Dieser schlechte Gesundheitszustand ist einer der Hauptgründe, warum das Wachstum nicht aufrechterhalten werden konnte.

Ich bin dankbar, dass Gott nicht zugelassen hat, dass ich auf dem Weg, auf dem ich mich befand, erfolgreich war – ein Weg, auf dem wir so viel Energie darauf verwendeten, ein selbst auferlegtes nächstes Level zu erreichen, anstatt einfach wir selbst zu sein.

Es gibt viele Faktoren, die dazu beitragen, eine gesunde Gemeinde zu werden, aber diese sind nicht leicht zu definieren. Vielleicht benutzen wir oft deshalb rein zahlenmäßiges Wachstum als wichtigen Indikator für die Gemeindegesundheit, weil Zahlen leichter zu erfassen sind.

Auf den besten Ausgangspunkt für die Gesundheit einer Gemeinde – und ganz gewiss für die geistliche Gesundheit eines Pastors – weisen uns Worte des Apostels Paulus zum Thema Zufriedenheit hin:

> *»Wahrer Glaube und die Fähigkeit, mit wenigem zufrieden zu sein, sind tatsächlich ein großer Reichtum.« (1. Timotheus 6,6)*
> *»Ich habe gelernt, mit dem zufrieden zu sein, was ich habe. Ob ich nun wenig oder viel habe, ich habe gelernt, mit jeder Situation fertigzuwerden: Ich kann einen vollen oder einen leeren Magen haben, Überfluss erleben oder Mangel leiden. Denn alles ist mir möglich durch Christus, der mir die Kraft gibt, die ich brauche.« (Philipper 4,11–13)*

Wer sind Sie? Wozu hat Gott Sie berufen? Können Sie damit zufrieden sein?

Philipper 4,13 wurde vermutlich öfter aus dem Zusammenhang gerissen als jeder andere Vers in der Bibel. Er besagt nicht, dass wir alles tun können, was wir wollen. (»Ich kann eine Megachurch in einer Stadt mit 5.000 Einwohnern bauen durch Christus, der mir die Kraft gibt!«) Wenn wir uns den Zusammenhang von Vers 11 anschauen, wird deutlich, dass Paulus davon spricht, dass Gott uns die Kraft geben will, in jeder Situation zufrieden zu sein.

Der erste Schritt auf dem Weg zu einer gesunden Gemeinde: Seien Sie damit zufrieden, wie Gott Sie gemacht hat.

Das ist Schritt 1 auf dem Weg, ein gesunder Pastor und eine gesunde Gemeinde zu werden: zufrieden damit zu sein, wie Gott Sie gemacht hat und wozu er Sie berufen hat.

Wir sagen unseren Gemeindemitgliedern, dass sie zufrieden sein sollen mit der Rolle, die Gott ihnen gegeben hat. Dass es für den Dienst der Gemeinde genauso wichtig ist, den Müll hinauszubringen oder die Stühle zu stellen wie zu predigen oder auf der Bühne zu singen. Aber glauben wir das wirklich? Wenn das der Fall wäre, dann wären wir Pastoren zufrieden mit weniger glanzvollen Aufgaben, zu denen Gott uns für den Großteil unserer Dienstzeit beruft.

Tatsächlich sind nur sehr wenige Pastoren von Gott dazu berufen, im großen Rahmen unter reichen Menschen mit nahezu unbegrenzten Ressourcen zu arbeiten. Die meisten von uns bittet er, den Armen und Entmutigten zur Seite zu stehen – auf begrenztem Raum, mit begrenzten Ressourcen. Dort haben Jesus und die meisten der ersten Apostel den Großteil ihrer Zeit verbracht. Warum sollten wir also etwas anderes erwarten? Laut der Bibelstelle, die ich gerade zitiert habe, kannte Paulus beides und machte die Erfahrung, dass Gott ihm die Kraft gab, mit den Herausforderungen jeder Situation umzugehen.

Wenn ich sage, dass wir zufrieden sein sollen, läuten bei manchen vielleicht die Alarmglocken. Für viele Menschen klingt Zufriedenheit nach Sich-mit-etwas-Abfinden, und das wiederum klingt nach Aufgeben. Doch das meine ich ganz und gar nicht.

Biblische Zufriedenheit ist niemals eine Entschuldigung dafür, dass man sich mit etwas abfindet. Zufriedenheit kann nicht »ein großer Reichtum« sein ohne Glauben bzw. Gottesfurcht. Aufgeben aber zeugt nicht von Glauben oder Gottesfurcht.

Lassen Sie uns den Tatsachen ins Auge sehen. Es gibt viele kleine Gemeinden, die kleiner sind, als sie sein könnten – aufgrund von Unfähigkeit, Faulheit, Selbstgerechtigkeit und einer Vielzahl anderer Gründe. Wir alle haben sicher das eine oder andere Mal solche Mittelmäßigkeit wahrgenommen und gedacht: *Kein Wunder, dass diese Gemeinde so klein ist!*

Doch das ist keine Zufriedenheit. Das ist *Selbst*zufriedenheit. Manchmal ist es auch Faulheit, Sturheit, Egoismus … Die Liste ist lang.

Wir müssen damit zufrieden sein, *wer* wir sind, aber wir dürfen uns niemals damit zufriedengeben, *wo* wir sind. Ich habe festgestellt, dass ich wissen muss, wer ich bin und wer ich nicht bin in Christus, um das zu sein und das zu tun, wozu Gott mich berufen hat.

Wenn wir nicht damit zufrieden sind, wer wir sind, dann wird kein noch so starkes Gemeindewachstum diese Zufriedenheit bringen. Wenn wir aber zufrieden sind, dann werden wir hoffnungsvoll und fröhlich große Dinge für Gott, unsere Gemeinde und unsere Stadt tun können, unabhängig davon, welche Größe unsere Gemeinde hat.

Erreichen Sie Ihren Stadtteil, indem Sie sich um die Gemeinde kümmern, die Sie haben!

Manche Befürworter des Gemeindewachstums, welche die »Wie-eine-große-Gemeinde-denken«-Philosophie lehren, sagen Dinge wie: »Leiten Sie die Gemeinde, die Sie haben *wollen*!«

Doch ich finde es problematisch, die Gemeinde zu leiten, die man gerne *hätte*, anstatt die, die man in Wirklichkeit *hat*. Vor allem wird die Gemeinde, die man hat, bei dieser Strategie gewöhnlich außen vor gelassen oder sogar entmutigt.

Ich glaube stattdessen, wir sollten die Gemeinde wertschätzen, die wir haben, und mit ihr arbeiten.

Damit meine ich nicht notwendigerweise, dass wir uns auf die Menschen beschränken sollten, die sonntags in den Gottesdienst kommen. Zum Beispiel habe ich in der Zeit, in der ich darum gerungen habe, eine große Gemeinde zu bauen, eine Entscheidung richtig getroffen. Wir waren auf der Suche nach einem neuen Gebäude und hörten, dass eine andere Gemeinde in der Gegend einen Käufer für das Gebäude suchte, in dem sie zu der Zeit ihre Gottesdienste abhielt. Es waren wunderschöne Räumlichkeiten in vielfacher Hinsicht. Der große Saal war dreimal so groß wie unserer und die Nebenräume, das Foyer und die Büros waren geräumig und modern, ohne überladen und prunkvoll zu sein.

Ich lehnte das Angebot aus zwei Gründen ab: Erstens befand sich das Gebäude mitten in einem Industriegebiet, etwa acht Kilometer von unserem gegenwärtigen Gemeindehaus entfernt. Der Makler wies zu Recht darauf hin, dass acht Kilometer in unserer Gegend nicht viel seien und dass die Gemeindemitglieder uns ohne Weiteres dorthin folgen würden. Ich stimmte zu, dass dies wahrscheinlich der Fall sein würde. Tatsächlich befand sich das neue Gebäude näher am Wohnort einiger unserer Familien als unser eigenes Gemeindehaus.

Aber wenn wir acht Kilometer weiter weg zögen, dann würden wir die Möglichkeit verlieren, Hunderten von Familien zu dienen, zu denen wir in den letzten Jahren Beziehungen aufgebaut hatten. Die Menschen, die bereits in der Gemeinde waren, würden wir behalten. Die allerdings, die noch auf dem Weg waren, würden wir verlieren. Wir hatten zu viel Zeit und Leidenschaft investiert, um einfach fortzuziehen. Diese Menschen waren uns wichtig und wir waren ihnen wichtig.

Zweitens würde ein Umzug in ein Industriegebiet bedeuten, dass ein mögliches zukünftiges Wachstum nicht aus unserer neuen Nachbarschaft kommen würde, da es dort keine gab. Wenn Menschen dazukämen, wären es vermutlich Christen aus anderen Gemeinden, die die Gemeinde wechselten. Zu den neuen Räumlichkeiten würden nur Menschen kommen, die wussten, wo sie uns finden würden. Und das würden fast ausschließlich Kirchgänger sein – nicht die Kirchendistanzierten.

Wir hätten umziehen können. Vielleicht wären wir sogar gewachsen. Vielleicht wäre es an dem neuen Ort eine ganz tolle Gemeinde geworden. Aber es wäre nicht dieselbe Gemeinde gewesen. Und Gott hatte mich dazu berufen, Pastor *dieser* Gemeinde zu sein.

Viel zu oft machen wir in unseren Kreisen der Gemeindewachstumsbewegung den Fehler, nur den Dienst zu zählen, den wir am Wochenende tun. Am neuen Ort hätten wir dieses Wachstum aufrechterhalten und vielleicht sogar verstärken können. Aber wenn man bedenkt, dass wir den Kontakt zu den Familien in der Nachbarschaft verloren hätten, dann wäre die Zahl derer, denen wir dienten, in Wahrheit gesunken – selbst dann, wenn unsere Besucherzahlen im Gottesdienst gestiegen wären.

Für diesen Tausch war und bin ich nicht bereit.

Nicht eine große Gemeinde in Klein

Kleine Gemeinden begehen mitunter den Fehler, dass sie versuchen, wie große Gemeinden zu agieren – nur in einem kleineren Rahmen. Aber das macht sie noch lange nicht zu Gemeinden mit einer großen Vision.

Denn eine rote Weintraube ist keine Pflaume in Klein. Sie mögen viele Dinge gemeinsam haben, etwa ihre Farbe und Form, aber jede von ihnen hat den ihr eigenen Geschmack und die ihr eigene Zusammensetzung von Nährstoffen. Eine Weintraube, die versucht, wie eine Pflaume zu agieren, würde einen fürchterlichen Zwetschgenkuchen abgeben und würde die Möglichkeit verlieren, Traubensaft zu sein, der für das Abendmahl verwendet wird.

Eine kleine Gemeinde ist keine große Gemeinde in Klein. Kleine Gemeinden haben ihren eigenen spezifischen Geschmack und ihre eigenen spezifischen Nährstoffe. Eine kleine Gemeinde, die versucht, wie eine große Gemeinde zu agieren, wird all die wunderbaren Dinge verpassen, die nur eine kleine Gemeinde tun kann.

Das fehlgeleitete »Agiere-wie-eine-große-Gemeinde«-Denken hat in Tausenden von kleinen Gemeinden überall auf der ganzen Welt zu sonderbaren Verhaltensweisen geführt: Man betritt einen Gottesdienstraum und sieht eine Handvoll Menschen in einem riesigen Saal, die oft weit voneinander entfernt sitzen, während der Lobpreisleiter singt und der Pastor predigt, als wären Tausende im Raum. Sie schauen über die Köpfe der Menschen hinweg, anstatt ihnen in die Augen zu schauen, und sprechen *vor* ihnen statt *zu* ihnen (oder besser noch, *mit* ihnen).

Warum tun sie das? Weil sie denken, so würde man das in einer großen Gemeinde tun und so würden sie dafür sorgen, dass auch ihre Gemeinde groß wird.

Das Gefühl von Vertrautheit ist eine der großen Stärken kleiner Gemeinden.

In einer großen Gemeinde verlieren wir das Gefühl von Vertrautheit. Teilweise ist dies unvermeidlich. Aber es ist sehr schade, wenn wir in einer kleinen Gemeinde die Vertrautheit aufgeben, die doch eine unserer größten Stärken sein sollte.

Auch wenn es in unserer Stadt keine Megachurch gibt, so ist unsere Gemeinde doch umgeben von einigen weltbekannten Megagemeinden in den umliegenden Städten. Jedes Wochenende kann jeder in meiner Gemeinde zur ursprünglichen Calvary Chapel oder Vineyard-Gemeinde fahren oder zur Saddleback Church, zur ehemaligen Crystal Cathedral (jetzt »Christ Cathedral«), zur Church on the Way oder zum Angelus Temple – ganz zu schweigen von Dutzenden anderer Megachurches, die nicht international bekannt sind.

Vor Jahren haben wir in Bezug auf diese Gemeinden zwei Entscheidungen getroffen: Erstens sind wir keine Konkurrenten. Zweitens würden wir nicht versuchen, kleinere Versionen dieser Gemeinden zu werden.

Stattdessen beschlossen wir herauszufinden, was wir tun könnten, was niemand sonst tun konnte. Das haben wir dann auch und so fanden wir unsere Identität.

Es gab Zeiten, in denen wir einen Dienst begonnen haben, um einem offensichtlichen Bedürfnis in unserem Stadtteil zu begegnen, nur um kurz darauf festzustellen, dass andere Gemeinden ebenfalls einen solchen Dienst begannen – manchmal besser als wir. Meistens haben wir in einem solchen Fall diesen Dienst beendet, sobald eine andere Gemeinde besser darin wurde als wir, weil wir erkannt haben, dass unsere Zeit vorüber war. Dann haben wir nach anderen Bereichen Ausschau gehalten, in denen noch niemand tätig war.

Das sind wir. Wir sind Pioniere. Wenn andere auch damit anfangen, überlassen wir es ihnen und gehen weiter. Es ist nicht so, dass wir unbedingt originell und cool sein wollen. Die meisten Ideen, die wir umgesetzt haben, waren Konzepte, die wir von anderen übernommen haben. Es ist nur aus unserer Sicht nicht nötig, etwas zu tun, was schon jemand anders in der Nachbarschaft tut. Ein Vorteil unserer geringen Größe ist es, dass wir Dienste schnell beginnen und schnell beenden können.

Wir haben zum Beispiel entdeckt, dass wir gut darin sind, Studenten anzuleiten und später auszusenden – gut vorbereitet für die Herausforderungen des Lebens. Also haben wir ein Praktikumsprogramm begonnen, das mein Kollege Gary Garcia leitet. Seit etwa zehn Jahren kommen jährlich von Juni bis September vier bis sechs Studenten von überall auf der Welt, um mit uns zu leben, zu arbeiten, zu lernen und Gott anzubeten. Andere opfern dafür ihren Sommerurlaub.

Aufgrund unserer Größe können sie bei uns Leitung lernen, indem sie es tatsächlich tun – anstatt in einem Klassenzimmer nur theoretisch darüber zu hören. Wenn ihr Praktikum vorüber ist, ziehen 90 Prozent von ihnen wieder zurück nach Hause, um dort ein Segen für ihre Gemeinden und Städte zu sein.

Viele kleine Gemeinden verwenden einen niedrigeren Prozentsatz ihres Budgets für den direkten Dienst als große Gemeinden. Zum Teil liegt das an den effizienten Systemen und dem strengen Management von großen Gemeinden. Doch ich frage mich, wie viel der Ineffektivität kleiner Gemeinden dem Versuch geschuldet ist, wie eine große

Gemeinde zu denken und zu agieren, anstatt ihre gegenwärtige Größe wertzuschätzen und bestmöglich zu nutzen.

Wenn wir das täten, würden viele kleine Gemeinden zu gesünderem und erfolgreicherem Dienst freigesetzt.

Die beste Verteidigung ...

Die meisten der Topdienste, die wir in Cornerstone anfangen, geschehen, wenn wir eine entscheidende Sache tun: aufhören, uns von Furcht leiten zu lassen, und mutig vorangehen. Angst hält mehr Gemeinden in der Defensive als irgendetwas anderes. Eine Gemeinde in der Defensive kann nichts anderes tun, als sich verzweifelt an dem festzuklammern, was sie hat – bis sie gewöhnlich auch das verliert.

Vor einigen Jahren haben wir unseren alten, verwitterten Parkplatz neu geteert. Der Teer war kaum getrocknet, als wir hörten, dass draußen etwas los war. Teenager aus der Nachbarschaft waren gekommen, um auf dem neuen glatten Untergrund Skateboard zu fahren.

Von da an kamen sie regelmäßig und ganz selbstverständlich, so als hätten sie das Recht, unseren Parkplatz als ihren persönlichen Spielplatz zu benutzen. Wir standen vor einer Entscheidung. Hatten sie dieses Recht oder nicht? War das Gebäude dazu da, die Nachbarn willkommen zu heißen, oder nicht? Stellen wir Schilder auf, um sie von dem Grundstück fernzuhalten, oder bauen wir Skateboard-Rampen, um sie einzuladen?

Nutzen Sie die Möglichkeiten, die Gott Ihnen eröffnet!

Gemeinden in der Defensive stellen Schilder auf. Gemeinden in der Offensive bauen Rampen.

Das war einer der Schlüsselmomente unserer Gemeindegeschichte. Wir haben nicht nur noch immer den einzigen Skatebord-Park der Stadt, sondern diese Rampen und die Einstellung dahinter geben seitdem den Ton an für alles, was wir tun.

Nutzen Sie die Möglichkeiten, die Gott Ihnen eröffnet!

Beschließen Sie, dass das Gemeindegebäude dem Stadtteil dienen soll, und nicht andersherum.

Bauen Sie Rampen, auch wenn es Sie mehr Parkplätze und höhere

Versicherungsgebühren kostet, als Sie meinen, sich leisten zu können. Was Sie zurückbekommen, ist von weit größerem – buchstäblich ewigem – Wert. Seit dem Tag, an dem wir uns für Rampen statt Schilder entschieden haben, sind wohl Tausende von Kids zu dem gekommen, was sie die »Skate Church« nennen – um Spaß zu haben, Freunde zu finden und von Jesus zu hören. Viele von ihnen haben sich entschieden, Jesus nachzufolgen. Manche ihrer Familien sind ihnen gefolgt. Einige von ihnen kommen sonntags zu uns in den Gottesdienst, während viele Gott in Dutzenden von anderen Gemeinden dienen und anbeten.

Pastoren kleiner Gemeinden beklagen gerne, dass große Gemeinden Leidenschaft zugunsten von Kompetenz aufgegeben haben. Doch auf der anderen Seite haben viele kleine Gemeinden Innovation zugunsten des puren Überlebens aufgegeben – die Offensive zugunsten der Defensive.

Doch keine Mannschaft in der Verteidigung schießt Tore.

Und Rampen machen mehr Spaß als Schilder.

Denken Sie an Menschen, nicht an Gebäude!

Die Gemeinde ist kein Gebäude. Wir wissen, dass dies theologisch gesehen wahr ist, aber Pastoren verhalten sich oft in einer Weise, die genau das Gegenteil lehrt.

Beginnen wir mit dem Budget. Wie viele Gemeinden überall auf der Welt haben für den Dienst »kein Geld übrig«, weil so viel davon in den Erhalt eines historischen Gebäudes geht – selbst wenn die »Historie« nur in ihren eigenen Köpfen existiert. Insbesondere in einer kleinen Gemeinde kann die Hypothek einen immensen Anteil des Budgets verschlucken. Wenn das Gebäude eine so hohe Priorität hat, diktiert unser Budget unsere Theologie.

Wie viele Gemeinden setzen ein Foto ihres Gebäudes ins Zentrum ihres Logos, ihres Gemeindebriefes und ihrer Webseite? Wenn wir das tun, vermitteln wir eine Botschaft. Die Botschaft lautet: »Dieses Gebäude ist die Gemeinde.« Ich sage natürlich nicht, dass es falsch ist, das Foto eines Gemeindehauses zu benutzen. Ich habe das sogar selbst gemacht im Logo der *Neuen Kleinen Gemeinden*. Gemeindegebäude haben ihre Funktion als Ort, an dem sich die Menschen versammeln, um Gott anzubeten, und sie sollten gut gepflegt und instand gehalten werden. Aber wenn wir das Gebäude überall in den Mittelpunkt stellen, diktieren unsere Marketing-Entscheidungen unsere Theologie.

Bald diskutieren wir dann darüber, ob wir einen bestimmten Dienst, den Gott uns aufs Herz legt, anbieten können oder nicht, weil er zur Folge haben könnte, dass unser Rasen voller Zigarettenstummel ist oder Kinder den Teppich schmutzig machen. Möge Gott uns vergeben, wenn unser Gartenpflegeplan unsere Theologie diktiert.

Gebäude kosten Geld. Mehr von diesem Geld sollte in Menschen investiert werden und weniger in Gebäude. Kleine Gemeinden können mit kleineren Gebäuden auskommen oder mit Mietverträgen, wenn wir uns erlauben, so zu denken. Lassen Sie uns bezüglich unserer Gebäude Entscheidungen treffen, welche die Vorteile unserer kleinen Größe nutzen. Dadurch werden wir ein Segen für das Reich Gottes und die Menschen sein, denen wir dienen.

Ein besserer Gebrauch unserer begrenzten Ressourcen

Bei einem Pastorentreffen vor einigen Jahren widmeten wir uns dem Buch »They like Jesus, but Not the Church« von Dan Kimball.

An einem Punkt ging es in der Diskussion um die Äußerung eines nicht christlichen Freundes von Kimball. Er sagte: »Ich wünschte, in Gemeinden würde sich nicht alles um Gebäude drehen!« Das scheint den Eindruck wiederzugeben, den viele Menschen heute von der Kirche haben, und der Grund dafür zu sein, weshalb Gottesdienstbesucher der Gemeinde weniger Geld spenden als vorangegangene Generationen: Sie bezweifeln, dass die Gemeinde ihr Geld sinnvoll nutzt. Und sie wünschen sich, dass mehr davon in den direkten Dienst an Menschen flösse anstatt in die Erhaltung eines Gebäudes.

Einer der anwesenden Pastoren meinte: »Ist den Leuten nicht klar, wie schwer das ist? 90 Prozent von dem, was die Leute geben, wird für Gehälter, Gebäude und Gebäudepflege benötigt. Sie erwarten doch nicht im Ernst, dass der größte Teil ihres Geldes in den tatsächlichen

Dienst geht, oder?« Ich dachte, seine Äußerung wäre sarkastisch gemeint, und hätte fast laut gelacht – gemeinsam mit ihm, wie ich annahm. Dann merkte ich, dass die meisten im Raum offenbar seine Ansicht teilten. Weitere Bemerkungen folgten, die seine Äußerung bekräftigten. »Die Leute wissen doch, dass dies in Unternehmen und Institutionen genauso läuft – und für uns sollte das nicht in Ordnung sein?«, war eine typische Aussage.

Richtig. Das sollte für uns tatsächlich nicht in Ordnung sein. Wir haben einen höheren Standard. Zumindest sollten wir das. Jeder – egal, ob innerhalb oder außerhalb der Gemeinde – hat das Recht, nein, sogar die Pflicht, uns zur Rechenschaft zu ziehen, wenn wir diesen Standard so offensichtlich verfehlen.

Sowohl in kleinen als auch in großen Gemeinden können wir bessere Haushalter sein, wenn wir das tun, wozu wir berufen sind, anstatt unsere Ressourcen mit Gebäuden, Erhaltung und Strukturen zu verschwenden, die oftmals mehr wie Straßensperren als wie Sprungbretter wirken.

Verschieden große Aufträge für verschieden große Gemeinden

Einmal war ich auf einer Pastorenkonferenz, auf der uns fälschlicherweise vermittelt wurde, das Unternehmensleitbild von Coca-Cola sei es, »jedem Menschen auf der Welt eine Coca-Cola in die Hand zu geben«. Wenn Coca-Cola so begeistert von seinem Produkt und so erfolgreich darin war, gefärbtes Zuckerwasser zu vermarkten – so die Botschaft auf der Konferenz –, dann sollten wir mindestens genauso begeistert davon sein, ein »Produkt« von unendlich viel höherem Wert zu vermarkten! Unsere Träume für die Gemeinde sollten mindestens so groß wie die von Coca-Cola sein.

Abgesehen von meinem zunehmenden Widerstand gegenüber dem Gebrauch von Wörtern wie »Marketing« und »Produkt« in dem Kontext, dass man Menschen in eine wachsende Beziehung zu Jesus führen will, stimme ich dieser Aussage bis zu einem gewissen Grad zu.

Die Gemeinde Jesu hat einen umfassenden, weltweiten Wirkungsbereich. Der Auftrag Jesu an uns lautet: »Geht hinaus in die ganze Welt und verkündet das Evangelium der ganzen Schöpfung!« (Markus 16,15). Das ist mindestens so umfangreich wie das angebliche Unternehmensleitbild von Coca-Cola. Aber es ist der Auftrag der weltweiten Gemeinde, nicht jeder einzelnen Ortsgemeinde.

Nicht jede Gemeinde hat einen Auftrag in der Größe von Coca-Cola. Manche haben einen Auftrag der Größe von Jones Soda.

Jones Soda wurde manchmal als die »Anti-Cola«-Marke verstanden. Sie haben eine Marktlücke entdeckt, in der sie ein Bedürfnis erfüllen, das sonst niemand erfüllt. Falls Sie noch nie von Jones Soda gehört haben – das ist eine Firma, die für zwei Dinge bekannt ist: für einzigartige Geschmacksrichtungen wie Erdbeer-Limette, Fufu-Beere (»Fufu« ist ein Fantasiename) und spezielle Kreationen zu bestimmten Feiertagen wie Truthahn-Limonade sowie dafür, dass sie Fotos von ihren Kunden auf die Flaschen kleben.

Jones Soda wird niemals sehr groß sein. Sie werden niemals dafür sorgen, dass der Coca-Cola-Vorstand schlaflose Nächte hat. Das ist für sie in Ordnung. Die Menschen, die Jones Soda mögen, sind ganz begeistert davon. Und niemand kann behaupten, sie wären nicht erfolgreich gewesen in dem, was sie sich vorgenommen hatten.

Ich möchte noch ein weiteres Beispiel aus der Geschäftswelt bringen. Nicht jedes Restaurant wird eine so große Kette wie McDonald's oder so exklusiv wie ein Fünfsternerestaurant werden. Das sollten sie auch gar nicht, denn nicht jeder mag Restaurantketten und noch weniger kann sich jeder ein Nobelrestaurant leisten. Die Welt braucht kleine Cafés und Bistros. Lokale, die die Bedürfnisse der Ortsansässigen erfüllen, sprechen die Sprache der jeweiligen Wohngegend und inspirieren andere Gastronomen, ihr eigenes Restaurant zu eröffnen.

In New York City gibt es ein Restaurant mit dem Namen Rao's. Es hat nur zehn Tische. Seit Generationen ist Rao's eines der einflussreichsten und renommiertesten italienischen Restaurants der Welt. Seine Rezepte und innovativen Ideen haben unzählige Köche auf der ganzen Welt inspiriert, die daraufhin die Geschmacksnerven von vielleicht Millionen Kunden getroffen und erfreut haben. Alles ausgehend von einem Restaurant, das noch immer nur zehn Tische hat.

Ebenso ist das Megachurch-Modell nicht das einzige Gemeindemodell. Das Megachurch-Modell funktioniert für Megagemeinden. Das ist weniger als ein Prozent der Gemeinden weltweit. Aber es ist das einzige Modell, von dem wir regelmäßig hören und lesen. Das muss sich ändern.

In der Welt gibt es nur für eine begrenzte Anzahl von Megagemeinden Platz, die einen Auftrag wie den von Coca-Cola haben. Aber es gibt nach oben hin keine Grenze, wie viele kleine Gemeinden es geben kann, die einen Einfluss wie das Restaurant Rao's ausüben. Kleine Größe, großer Einfluss. Ich stelle mir gern vor, dass meine Gemeinde eine von ihnen sein kann. Und wir sind nicht die einzige. Wir sind noch nicht mal die einzige in unserer Stadt. Es gibt viele einflussreiche kleine Gemeinden da draußen, die nur wenige von uns kennen.

Wir brauchen mehr Megagemeinden in der Welt – zumindest noch einige mehr. Wir brauchen auch mehr kleine Gemeinden – viele mehr!

Ein Ruf, der größer ist als das Gebäude

Die Gemeinde, in der ich Pastor bin, dient Menschen, hat einen guten Einfluss auf ihr Umfeld und sogar international. Trotz alledem werden wir vermutlich niemals eine große Gemeinde sein.

Aber wir haben einen großen Ruf.

Wegen unseres Dienstes und wegen der großen Vision, die wir haben, sind Besucher oft schockiert, wenn ich sie in unserem Gemeindegebäude herumführe. Tatsächlich haben Leute mich gefragt, wann ich ihnen denn den Hauptsaal zeige, während wir gerade im Hauptsaal standen! Er ist so klein, dass sie dachten, wir stünden in der Gebetskapelle. »Das ist alles an Räumlichkeiten, was wir haben«, sagte ich ihnen. Früher hat es mich verlegen gemacht. Jetzt könnte ich mich darüber kaputtlachen. Ich liebe es.

Wir sind größer als unser Gebäude.

Unser Gottesdienstraum entspricht einem Multifunktionsraum. Zu besonderen Anlässen können wir Sitzplätze für 175 Personen schaffen, aber dann ist es wirklich sehr voll. Ein paarmal haben wir 230 Menschen hineingequetscht, da waren so gut wie keine Gänge vorhanden, außerdem standen Menschen am Rand des Raumes und draußen im Flur.

Aber es ist der bei Weitem größte Raum, den wir haben, also benutzen wir ihn sehr oft. In einer normalen Woche stellen wir neun- bis zehnmal die Stühle auf, in einer besonders vollen Woche über zwölfmal.

Ich bin zutiefst dankbar für das kleine Heer von angestellten und ehrenamtlichen Mitarbeitern, die diese Arbeit Woche für Woche mit fröhlichem, willigem Herzen tun. Ich gebe zu, die Beschränkungen unseres kleinen Gebäudes frustrieren mich von Zeit zu Zeit immer noch. Glauben Sie mir, ich würde ein größeres Gebäude nicht ablehnen, wenn wir die Chance bekämen, ein passendes zu erwerben. Aber die Frustrationen verblassen gegenüber der Freude, die ich darüber empfinde, dass wir das, was wir haben, auf frische, innovative Weise nutzen. Und das ist nicht nur der Hauptsaal! Wir haben auch gelernt, den Rest des Gebäudes auf kreative Weise zu nutzen, zudem haben wir viele Dienstzweige, die überhaupt nicht von unserem Gebäude abhängen.

Unser Gebäude mag klein sein, nicht aber unsere Vision, unser Dienst und unser Ruf.

Unser Gemeindegebäude mag klein sein, aber unsere Vision, unser Dienst und unser Ruf müssen es nicht sein.

Sei du selbst – und lass die Hintertür offen

Kleine Gemeinden, die großartig sind, neigen dazu, aus demselben Grund klein und großartig zu sein. Sie haben herausgefunden, wer sie sind, und sie konzentrieren sich darauf, diese eine Sache gut zu machen. Solch eine fokussierte, leidenschaftliche »Eine-Sache-Mentalität« ist oftmals genau der Faktor, der ihren Erfolg ermöglicht und zugleich ihr zahlenmäßiges Wachstum begrenzt.

Der Erfolg rührt daher, dass diese Art von fokussierter Leidenschaft andere anzieht, die eine ähnliche Leidenschaft haben. Aber sie wird auch das Wachstum begrenzen, weil sie automatisch diejenigen ausschließt, die diese Leidenschaft nicht teilen. So gesehen begrenzt die Gemeinde selbst ihre Möglichkeiten, zahlenmäßig zu wachsen. Die *Neue Kleine Gemeinde* versucht nicht, jedem alles zu sein.

Viele Pastoren kleiner Gemeinden geben jedoch der Versuchung nach, diese eine Sache aufzugeben oder ihr etwas hinzuzufügen, nur um zahlenmäßig zu wachsen. Damit meine ich nicht, dass unser Fokus sich im Laufe der Zeit niemals verändern sollte. Aber ich glaube, dass man einen falschen Kompromiss eingeht, wenn man seinen Fokus und sich selbst verrät, nur um mehr Gemeindeglieder zu gewinnen.

In einer dynamischen kleinen Gemeinde ist es wahrscheinlich, dass viele, vielleicht sogar die meisten Menschen, die einen Gottesdienst besuchen, nicht verstehen oder nicht mögen, was die Gemeinde tut. Das ist bei uns seit Jahren der Fall. Unser Haupteingang ist einladend, aber unsere Hintertür ist offen. Wir wissen, dass nicht jeder mögen wird, was wir tun und wer wir sind, und das ist für uns in Ordnung.

Unsere Gemeinde ist sehr aktiv und ungezwungen, die Gemeinschaft ist herzlich und ausgelassen, Teenager rennen wild herum, Tattoos und Piercings sind normal. Manche Menschen, die unsere Gemeinde besuchen, erwarten vielleicht eine etwas gesetztere, kirchlichere Atmosphäre. Deshalb fühlen sie sich bei uns unwohl, auch wenn sie in der Regel freundlich begrüßt werden. Sobald der Gottesdienst anfängt, beginnen manche Besucher, sich während der frischen und lebendigen Anbetungszeit zu entspannen. Andere hingegen bleiben vielleicht am unkonventionellen Kleidungsstil der Bandmitglieder hängen und fragen sich, wie die Gemeindeleitung so etwas zulassen kann.

Nach ungefähr der Hälfte des Gottesdienstes haben wir eine Kaffeepause. Wir sehen die entspannte Gemeinschaft während dieser Pause auch als etwas Heiliges und als Teil des Gottesdienstes an. Die Tatsache, dass die Leute ermutigt werden, sich einen Donut und einen Kaffee zu holen, herumzulaufen, ein paar Minuten zu plaudern und dann kauend zu ihren Plätzen zurückzukehren, bringt für manche neuen Besucher das Fass zum Überlaufen. Aber es ist auch eine Gelegenheit. Nun können sie leicht hinausschlüpfen, während die Leute reden, essen und trinken. Sie gehen zu ihrem Auto und fahren davon, während sie sich fragen, wie man das, was sie gerade erlebt haben, Kirche nennen kann.

Es ist natürlich nicht unsere Absicht, Besucher zu vertreiben, aber wir wissen auch, dass keine Gemeinde jeden glücklich machen kann.

Wenn das, was ich gerade beschrieben habe, etwas ist, was Sie dazu bringen würde, unseren Gottesdienst zu verlassen, dann ist das in Ordnung. Die meisten Menschen in meiner Gemeinde würden vermutlich genauso die Flucht ergreifen, wenn sie eine Gemeinde besuchen würden, in der die Leute sehr schick gekleidet sind, ältere Kirchenlieder singen und in der es einen in Roben gekleideten Chor gibt. Jedem das Seine.

Wenn Sie sich auf das konzentrieren, was Sie sind – ohne darüber nachzugrübeln, wem dies gefallen könnte –, werden Sie feststellen, dass es manchen Leuten *nicht* gefällt. Aber diejenigen, denen es gefällt, werden begeistert sein. Die Menschen, die mögen, was wir tun, mögen es wirklich. Und wenn sie derart begeistert sind, dann stehen sie auch mit ganzem Herzen hinter ihrem Auftrag.

> **Fragen Sie sich, was Ihre Gemeinde lebendig macht, und dann tun Sie gemeinsam genau das.**

Mag sein, dass Sie auf diese Weise keine große Gemeinde bauen. Aber wenn Sie und Ihre Gemeinde sich wohlfühlen in dem, was Sie sind, und den Weg gehen, den Gott Sie leitet, wird das Ergebnis eine großartige Gemeinde sein. Sie werden weniger gestresst und viel effektiver sein als je zuvor, egal, ob die Gemeinde wächst oder nicht. Fragen Sie sich, was Sie und Ihre Gemeinde lebendig macht, und dann tun Sie genau das.

Die Bedürfnisse einer neuen Generation

Seit einigen Jahren bieten viele Megagemeinden Gottesdienste parallel in verschiedenen Örtlichkeiten an, deren Lobpreiszeit jeweils einen anderen Musikstil hat. In solch einer Gemeinde wird es im Hauptsaal vielleicht moderne Lobpreismusik geben und in Nebenräumen oder Räumlichkeiten, die sich gar nicht auf dem Grundstück der Gemeinde befinden, werden ältere Kirchenlieder, Worship im Countrystil oder anderes angeboten. Die Anbetungszeit endet jeweils dann, wenn der Pastor im Hauptsaal bereit für die Predigt ist. Diese wird dann per Video in die anderen Räumlichkeiten übertragen. Das ist toll. Ich habe einige dieser Gemeinden besucht und die Möglichkeit genossen, ein anderes Setting für die Anbetungszeit zu wählen. Aber manche Menschen mögen einfach nicht das Gefühl einer Massenveranstaltung, egal, wie viele verschiedene Musikstile ihnen geboten werden.

In seinem Buch »They Like Jesus but Not the Church« erläutert Dan Kimball einige Gefühle der jüngeren Generationen von Nichtchristen in Bezug auf Jesus und die Gemeinde. Das Hauptergebnis ist bereits im Titel enthalten (»Sie mögen Jesus, aber nicht die Gemeinde«), aber andere Resultate sind auch interessant. Eine junge Frau brachte ihren Wunsch nach einer Gemeinde zum Ausdruck, die kleiner und persönlicher ist. Sie hat es wunderschön formuliert: »Macht aus der Gemeinde einen Buchclub mit Seele.« Sie ist nicht die Einzige mit dieser Sehnsucht.

Ein kirchendistanzierter Freund von Kimball sagte zu ihm: »Ich denke, die Versammlungen sollten kleiner sein. Ab und zu eine große Veranstaltung ist klasse, es sollte aber nicht die Regel sein.« Ein anderer fragte: »Hat Jesus nicht die meiste Zeit in kleinen Settings verbracht, mit kleineren Gruppen? [...] Bestimmt haben die Menschen da am meisten von ihm gelernt, nicht, wenn er zu großen Mengen geredet hat.«

So manches, was sich jüngere Generationen von der Gemeinde wünschen, hat nichts mit dem Musikstil zu tun. Manche von ihnen mögen einfach die Atmosphäre einer größeren Gemeinde nicht. Was ihr Herz anspricht, kann nur in einem kleineren Setting geschehen.

»Hey, Oma, ich halte dir einen Platz frei!«

Ein weiteres Schlagwort der Gemeindewachstumsbewegung war Homogenität – das Konzept, dass man eine größere Gemeinde bauen kann, wenn die Besucher aus einem ähnlichen Milieu kommen bzw. ähnliche Merkmale aufweisen. Aufgrund dieses Prinzips haben sich Pastoren und Gemeindeleiter auf der ganzen Welt Gedanken über die Frage gemacht: »Wie sieht die typische Person aus, die unsere Gemeinde erreichen möchte?« Manchmal malen sie ein Bild oder machen ein Foto von dieser exemplarischen Person und geben ihr einen Namen. Dann gestalten sie Predigten, Werbemittel, das Programmangebot und das Gebäude so, dass dieser Person das geboten wird, wonach sie anscheinend sucht.

In vielen Fällen scheint dies zu funktionieren. Menschen mit ähnlichem Lebensstil, Hintergrund, sozioökonomischem Status und ähnlichen Bedürfnissen werden von einem Ort angezogen, der ihnen genau das gibt, wonach sie suchen. Wenn sie zusammenkommen – selbst wenn sie einander nicht kennen –, sitzen sie doch neben Leuten, die ähnlich erscheinen wie sie selbst.

Doch kleine Gemeinden sind gewöhnlich heterogen. Jung und Alt sitzen Seite an Seite, denn die Gemeinde hat vielleicht keinen Jugendgottesdienst, der gleichzeitig zum Erwachsenengottesdienst stattfindet. Reich und Arm lernen sich im Foyer kennen. Langjährige Christen und Suchende diskutieren miteinander, weil es nicht genügend Neue und keinen Extraraum gibt, um ein wöchentliches Treffen für Suchende anzubieten. Kleine Gemeinden kommen ohne manche Annehmlichkeiten aus und ihnen fehlt oftmals die Qualitätskontrolle, die Besucher großer Gemeinden erwarten. Doch was kleine Gemeinden im Kundenservice verlieren, das gewinnen sie in Beziehungen, denn kleine Gemeinden ermöglichen es uns (okay, manchmal zwingen sie uns dazu aufgrund der begrenzten räumlichen Kapazitäten), Menschen kennenzulernen, die eben nicht so sind wie wir.

Gottesdienst nur mit Menschen zu feiern, die aussehen und denken wie wir, ist weder gesund noch biblisch.

Die frühe Gemeinde hob gesellschaftliche Trennungen zwischen Sklaven und Freien, Juden und Heiden, Männern und Frauen, Armen und Reichen auf. Wenn christliche Gemeinden im ersten Jahrhundert in den Häusern zusammenkamen, um zu beten, Gemeinschaft zu haben und das Abendmahl zu feiern, dann waren Menschen mit unterschiedlicher ethnischer Zugehörigkeit und gesellschaftlicher Stellung dabei. Ich glaube nicht, dass wir eine neue geistliche Erweckung erleben können, wenn wir in unseren Gemeinden größtmögliche Homogenität erreichen wollen.

»Komm und sieh!« und »Geht hinaus!«

In den späten Neunzigern ist mir bei Starbucks ein neues Produkt aufgefallen. Außer Kaffee haben sie auch Spiele verkauft – insbesondere ein lustig aussehendes Spiel namens »Cranium«.

Was aber hat das Verkaufen von Spielen bei Starbucks mit kleinen Gemeinden zu tun? Als der Werbeguru Donny Deutsch vor einigen Jahren seine eigene Show im Kabelfernsehen hatte, stieß ich zufällig auf ein Interview, das er mit dem Mitgründer des Cranium-Unternehmens, Whit Alexander, führte. In der Show von Donny Deutsch ging es darum, unternehmerische Initiativen zu erforschen, deshalb befragte er Alexander zur Vermarktung des Cranium-Spiels, insbesondere dazu, warum sie beschlossen hatten, ihr Spiel bei Starbucks zu verkaufen anstatt in traditionellen Spielzeuggeschäften.

Alexanders Antwort war einfach. »Wir beschlossen, die Spiele lieber dorthin zu bringen, wo die Leute sind, anstatt dorthin, wo Spiele verkauft werden.«

In der Bibel kamen Menschen auf zweierlei Weise zum Glauben an Jesus.

Erstens: Nachdem Jesus Philippus aufgefordert hatte, ihm nachzufolgen, rannte Philippus zu Nathanael, um ihn zu rekrutieren. Nathanael war skeptisch. Philippus sagte drei Worte, um ihn zu überzeugen: *»Komm und sieh!«* (Johannes 1,46)

Zweitens: Als Jesus seinen Jüngern erklärte, sie hätten die wichtige Aufgabe, anderen von ihrem Glauben zu erzählen, sagte er: »*Geht hinaus* in die ganze Welt und verkündet das Evangelium der ganzen Schöpfung!« (Markus 16,15)

Seitdem haben die Nachfolger von Jesus immer beide Strategien genutzt: »Komm und sieh!« und »Geht hinaus!«. Aber man kann sicherlich sagen, dass wir uns weit mehr auf die »Komm-und-sieh«-Strategie verlassen haben als auf die »Geht-hinaus«-Strategie. Missionare gehen vielleicht in ein anderes Land und in eine andere Kultur, aber das Ziel ist für gewöhnlich, zumindest war es in der Vergangenheit meist so, irgendwann eine Kapelle oder Kirche zu bauen. Dann laden sie die Menschen ein: »Komm und sieh« … was innerhalb der Wände geschieht, die gebaut wurden. »Geht hinaus!« rückt in den Hintergrund, während »Komm und sieh!« vorherrscht.

So hat sich vermutlich die nordamerikanische und europäische Gemeindekultur zu 90 Prozent entwickelt. Wir errichten Gebäude, veranstalten Konzerte und laden zu unseren Ostergottesdiensten ein: »Komm und sieh!«

Doch die Erfinder des Cranium-Spiels wussten etwas, was die Gemeinde von Neuem lernen muss: Wenn man Spiele dort verkauft, wo Spiele verkauft werden, dann kommen Menschen, die gerne spielen, aber sonst kaum jemand. Wenn man die christliche Botschaft nur innerhalb der Wände der Gemeinde »platziert«, dann kommen Gemeindeleute, aber sonst kaum jemand.

Kleine Gemeinden können hinaus zu ihrer Zielgruppe gehen und die Liebe Jesu zu den Menschen bringen.

Weil aber das Cranium-Spiel bei Starbucks platziert wurde anstatt in den »Spezialgeschäften«, hat Cranium viel mehr verkauft, als irgendjemand erwartet hätte – und vor allem an Menschen, die größtenteils gar nicht geplant hatten, ein Spiel zu kaufen. Die Erfinder erschlossen sich neue Kundenkreise, als sie beschlossen, zu ihrer Zielgruppe »hinauszugehen« und nicht zu warten, bis diese in die Spielzeuggeschäfte kommen würde.

Kleine Gemeinden können hinaus zu ihrer Zielgruppe gehen. Das ist einer der Vorteile davon, klein zu sein. Wir können Gemeinde dorthin bringen, wo Nicht-Gemeindeleute sind.

Vor einigen Jahren stand mein Schwager Norb Kohler an einem Multiplexkino in einem großen Einkaufszentrum, als er einen inneren Impuls spürte. *Wie wäre es, die Gemeinde hierher zu bringen, statt zu erwarten, dass die Leute zu uns kommen?*, fragte er sich. Er und meine Schwester Kathy begannen, darüber zu sprechen und zu beten. Dann trafen sie sich mit anderen, um sich zu beraten und weiter zu beten. Daraus entstanden schließlich Gottesdienste, die in einem der Kinosäle gefeiert wurden, während parallel in den anderen Sälen Filme liefen.

Menschen, die eigentlich kamen, um den neuesten Kinofilm anzuschauen, sahen über dem Eingang auf dem Display, dass auch ein

Gottesdienst »auf dem Programm steht«. Unter der Woche verbrachte Norb einen Großteil seiner Arbeitszeit nicht in seinem Gemeindebüro (weil er keines hatte), sondern mit Mitarbeitern, Managern und Besitzern von Läden und Restaurants. Indem er das tat, wurde er quasi zum Seelsorger eines großen Einkaufszentrums. Ladenangestellte, die noch nie in einem Gottesdienst gewesen waren, versicherten ihm, dass er zu ihrem Pastor geworden war. In der Tat!

Als meine Nichte Natalie von dem Leid junger Mädchen hörte, die in Asien in die Sklaverei verkauft werden, wollte sie für Organisationen Geld sammeln, die den Mädchen wieder die Freiheit ermöglichen. Statt die Gemeinde aufzufordern, »zu kommen und zu sehen«, was sie mit ihrem Team tat, ging sie zusammen mit Gemeindegliedern in das Einkaufszentrum. Sie verkauften Selbstgebackenes an Menschen, die eigentlich nur gekommen waren, um einzukaufen oder ins Kino zu gehen, und sammelten so Geld für die Hilfsprojekte. Als die Restaurants im Einkaufszentrum das mitbekamen, boten sie ihre Hilfe bei der Sammelaktion an und schickten ihre Angestellten mit Tabletts voller Fingerfood. Meiner Gemeinde gefiel die Idee so gut, dass auch wir mitgemacht haben – zusammen mit anderen kleinen Gemeinden und christlichen Organisationen in der Umgebung. Alle zusammen mischten wir uns unter die Kinogänger, Einkäufer und Restaurantangestellten, um mit ihnen zu essen, zu reden, Geld zu spenden und zu sammeln, um das Leben junger Mädchen auf der anderen Seite des Erdballs zu retten.

Wenn eine Gemeinde eine gewisse Größe erreicht, verliert sie die Fähigkeit, eine Kultur zu durchdringen, da sie eine alternative Subkultur schafft.

Ja, große Gemeinden beeinflussen unsere Kultur. Aber wenn eine Gemeinde eine gewisse Größe erreicht hat, verliert sie ihre Fähigkeit, eine Kultur zu durchdringen, da sie eine alternative Subkultur schafft. Große Gemeinden können nicht einfach mit der Kultur eines Einkaufszentrums verschmelzen. Große Gemeinden *kaufen* Einkaufszentren und machen aus ihnen Orte, an denen sich nur Christen aufhalten. Das hat einen gewissen Wert. Aber es ist nicht das Einzige, zu dem wir berufen sind.

Große Gemeinden sind gewöhnlich sehr gut darin, einen »Komm-und-sieh«-Dienst zu tun. Beispielsweise müssen die meisten großen

Gemeinden ein Grundstück außerhalb der Wohngebiete erwerben, damit es groß genug ist, um darauf bauen zu können. Manchmal versuchen sie vorherzusehen, in welche Richtung sich die Stadt weiter ausbreiten wird. Dann beten, planen und arbeiten sie, um ihr Gebäude und ihren Dienst so anziehend zu machen, dass viele Leute kommen. Vielen gelingt das, und ich freue mich darüber.

Doch kleine Gemeinden sind perfekt dafür geeignet, sich in einem Einkaufszentrum zu versammeln, wenn sie zwei Dinge tun: eine große Vision behalten und in der Offensive bleiben. Sie können sich auch in einem Café oder Restaurant in einem Einkaufszentrum treffen. Damit meine ich nicht, dass sie das Café oder Restaurant *kaufen* und es in ein Gemeindezentrum verwandeln sollen, sondern dass sie dorthin gehen und mit den Menschen, die bereits dort sind, über die Liebe Jesu sprechen.

Eine größere Vision bekommen

Da uns also alle diese Möglichkeiten offenstehen – wo sind nun all die dynamischen kleinen Gemeinden mit großer Vision?

Sie sind überall.

Und mehr und mehr sprießen tagtäglich aus dem Boden.

Frank Wooden zum Beispiel war viele Jahre der Pastor der »Hope Church« in San Diego, Kalifornien. Nach und nach gründete diese Gemeinde mehrere Tochtergemeinden in San Diego und Umgebung.

Als ich Frank einmal nach dem Grund fragte, sage er mir: »Die Philosophie hinter unserem Ansatz ist, dass jede Tochtergemeinde einige wesentliche Merkmale mit allen anderen Tochtergemeinden gemeinsam hat, während sie zugleich einige besondere Charakteristika aufweist, die es ihr ermöglichen, ihr jeweiliges Umfeld zu erreichen. Die Predigt in jeder Tochtergemeinde ist live und wird an vielen Orten auf Spanisch gehalten. Viele kleine Stadtteilgemeinden werden einen größeren Einfluss auf eine Stadt wie San Diego haben als eine einzige Gemeinde mit vielen Tausend Gottesdienstbesuchern. Dieser Ansatz nutzt die kleine Größe als Vorteil und sieht sie nicht als Nachteil.«

Heute würde ich jenen Pastor, der einst so besorgt war, dass keine der Gemeinden in meinem Umfeld »irgendetwas tun« würde, gerne auf Gemeinden aller Größen hinweisen, die großartige Dinge bewirken. Das war damals so und das ist heute so. Nur war ich damals durch den »Heuschrecken-Mythos« zu verblendet, um es zu sehen.

Ja, kleine Gemeinden mit einer großen Vision gibt es überall! Aber es gibt noch lange nicht genug von uns. Mehr kleine Gemeinden müssen gegründet werden und bereits existierende kleine Gemeinden müssen *Neue Kleine Gemeinden* werden, indem sie ihre eigene gottgegebene größere Vision entdecken und annehmen.

KAPITEL 9

EIN OFFENER BRIEF

An meine Pastorenkollegen von kleinen Gemeinden

Sie und ich haben eine überwältigende Verantwortung.

Gott hat uns die mächtigste Kraft der Welt anvertraut – die kleine Gemeinde.

Vielleicht fühlt es sich im Moment für Sie nicht so an, als ob dies die Wahrheit wäre. Vielleicht hat es sich noch nie so angefühlt. Trotzdem ist es wahr.

Lassen Sie es mich Ihnen beweisen.

Weltweit gibt es Millionen von uns. Egal, welche Zahlen Sie zugrunde legen – auch nach den konservativsten Schätzungen haben mehr Menschen ihr geistliches Leben unserer Fürsorge anvertraut als der Fürsorge irgendeiner anderen Gruppe auf der ganzen Welt.

Schauen Sie sich mit mir zusammen die bloßen Zahlen an. Nach allen Schätzungen gibt es zwei bis drei Milliarden Menschen, die sich selbst als Christen bezeichnen und regelmäßig eine Gemeinde besuchen. Nehmen wir die niedrigste dieser Zahlen – zwei Milliarden Menschen.

Von diesen zwei Milliarden Menschen besucht deutlich über die Hälfte aus freien Stücken eine Gemeinde mit weniger als 350 Besuchern.

Das ist über eine Milliarde Menschen, die sich dafür entscheidet, unsere Gemeinden zu besuchen.

Doch warum fühlen sich dann so viele von uns einsam, frustriert, leistungsschwach und sogar bitter statt begeistert, bevollmächtigt, vital und gebraucht? Und warum ist die Wahrscheinlichkeit hoch, dass Sie diese Zahlen über den Dienst kleiner Gemeinden gerade zum ersten Mal in Ihrem Leben gelesen haben?

Ein Teil der Antwort ist, dass dies wahrscheinlich das erste Buch ist, das Sie über den pastoralen Dienst lesen, das nicht von dem Pastor einer Megachurch geschrieben wurde oder von einem Gemeindeforscher, der sich vor allem auf Megagemeinden konzentriert. Das ist nicht unbedingt schlecht; es ist einfach, wie es ist.

Ich kenne Ihren Frust, weil ich einer von Ihnen bin. Seit über 40 Jahren bin ich im pastoralen Dienst, mehr als 30 davon in der kleinen Gemeinde, in der ich zurzeit Pastor bin. Meine Gemeinde hatte mal 35 Gottesdienstbesucher und mal 350.

Ein Grund, warum Pastoren kleiner Gemeinden frustriert sind, ist, dass uns jahrelang gesagt wurde, eine erfolgreiche Gemeinde würde zahlenmäßig immer weiterwachsen. Umgekehrt wird auch ein Schuh draus: Nur zahlenmäßig wachsende Gemeinden galten und gelten als erfolgreich. Viele von uns haben das geglaubt. Zumindest ich habe das geglaubt.

Doch ein weiterer Grund für unsere Frustration besteht darin, dass wir wissen, wenn wir tief in unser Herz blicken: Bei allem, was wir leisten, bei aller Hingabe, mit der wir unseren Dienst tun – wir könnten besser sein!

Aber es ist schwer, besser zu sein, wenn unsere Ressourcen begrenzt sind, wenn Wirtschaftskrisen sich als Erstes auf die Spendenbereitschaft auswirken, wenn die meisten von uns noch einer anderen, säkularen Arbeit nachgehen, oft sogar vollzeitlich, damit wir unsere Rechnungen (und die der Gemeinde) bezahlen können. Und wenn wir das Gefühl haben, niemand interessiert sich dafür, einschließlich der Vertreter unserer Kirchen und Gemeindeverbünde, der Organisatoren von Pastorenkonferenzen, der Befürworter von Gemeindewachstum, der Autoren von Büchern für den pastoralen Dienst und – vielleicht sogar am wenigsten von allen – einschließlich anderer Pastoren kleiner Gemeinden. Warum sind wir als Pastoren kleiner Gemeinden nicht wenigstens füreinander da?

Es ist an der Zeit, dass sich das ändert.

Weltweit gibt es mehr als 4.000 Megagemeinden, die sich jede Woche um die geistlichen Bedürfnisse von mehr als 100 Millionen Menschen kümmern.

Ich habe vor solch einem Dienst gewaltigen Respekt. Die Pastoren von Megagemeinden tun einen Dienst für das Reich Gottes, den Städte, Kulturen und Nationen weit mehr anerkennen sollten, als sie es bisher getan haben.

Pastoren kleiner Gemeinden beklagen sich manchmal darüber, dass Pastoren großer Gemeinden mehr Anerkennung bekommen als wir, aber sie werden auch weitaus häufiger angegriffen als wir. Wir dürfen nicht vergessen, dass das Rampenlicht der Megagemeinden, von dem wir manchmal wünschten, es wäre auf uns gerichtet, nicht nur die Erfolge der Pastoren anstrahlt. Wenn Versagen und Sünde bekannt werden, wird das Licht wie bei einer Supernova kurzzeitig gleißend hell, bevor die Person selbst zerstört wird.

Pastoren von Megagemeinden sind für viele Menschen oft gleichbedeutend mit dem, was die christliche Gemeinde ausmacht, was sie ist und tut. Deshalb brauchen sie unser Gebet.

Ich persönlich möchte denjenigen Pastoren ein riesiges Dankeschön sagen, von deren Dienst ich persönlich profitiert habe, vor allem durch ihre Bücher.

Aber, liebe Kollegen in kleinen Gemeinden, die Größe ihres Dienstes verblasst neben der Größe und den Herausforderungen unseres Dienstes!

Weil sie überall verstreut sind, haben kleine Gemeinden unmittelbaren Zugang zu den Menschen in ihren Stadtvierteln.

Nochmals, schauen Sie sich die Zahlen an. Die Pastoren von Megagemeinden leiten Gemeinden mit wöchentlichen Besucherzahlen zwischen 2.000 und 20.000 bis hin zu der weltweit größten Gemeinde mit sage und schreibe nahezu einer Million Menschen (Yoido Full Gospel Church in Seoul, Südkorea). Dennoch sind höchstens 100 Millionen Menschen in Megagemeinden, während die Pastoren kleiner Gemeinden für mindestens eine Milliarde Menschen verantwortlich sind!

Ja, Sie haben richtig gelesen. Pastoren kleiner Gemeinden dienen jede Woche zehnmal mehr Menschen als Pastoren von Megagemeinden! Über einer Milliarde Menschen!

Gerade weil sie überall auf der Welt in kleinen Gruppen verstreut sind, haben kleine Gemeinden unmittelbaren Zugang zu Stadtvierteln, Familien und Einzelnen. Sie sind die größte und am schnellsten einsetzbare Kraft für geistliche Transformation, emotionale Ermutigung und materielle Hilfe, die die Welt je gesehen hat. Es ist Zeit, ihnen freien Lauf zu lassen! Pastoren kleiner Gemeinden, es liegt in unserer Hand. Wir können die erlösende Kraft, die die Welt noch nie so dringend gebraucht hat wie jetzt, zurückhalten oder freisetzen.

Das ist eine überwältigende, heilige Verantwortung.

Ich fürchte, wir sind mit dieser Verantwortung bisher nicht gut umgegangen.

Wir müssen besser werden. Wir können besser werden. Mit Gottes Hilfe *werden* wir besser werden.

Keine Schuldgefühle mehr, weil meine Gemeinde nicht zahlenmäßig wächst. Kein Arbeiten außerhalb meiner Hauptbegabungen mehr, um Dinge zu tun, zu denen meine Gemeinde und ich gar nicht berufen sind. Kein Neid mehr auf die Gemeinde am anderen Ende der Straße und keine Versuche, sich eine theologische Rechtfertigung zurechtzulegen, um den Fernsehprediger verachten zu können.

Lassen Sie uns stattdessen annehmen, wer wir sind. Lassen Sie uns das tun, wozu Gott uns berufen hat. Lassen Sie uns der Gemeinde dienen, die wir haben, nicht der, von der wir wünschten, dass wir sie hätten.

Wenn wir das tun, dann wird die Welt staunen über das, was eine große Schar kleiner Gemeinden und die mehr als eine Milliarde Menschen in ihnen tun können, um die heilende Kraft Christi einer leidenden Welt zu bringen.

KAPITEL 10

GOTT FÜHRT KEINE ANWESENHEITSLISTE

Egal, wie groß die Gemeinde ist, jeder Pastor steht vor der Herausforderung, Menschen durch die verschiedenen Stadien des geistlichen Wachstums zu begleiten. Besonders schwierig ist es, Menschen von der Vorstellung abzubringen, sie würden eine Art religiöse Verpflichtung erfüllen, wenn sie eine Stunde im Gottesdienst sitzen. So als ob es eine »himmlische Anwesenheitsliste« gäbe.

Sonntagsgottesdienste sollen eine Zeit der Anbetung, des Lernens und der Gemeinschaft sein. Diese Erfahrung sollen wir in unseren Alltag mitnehmen, um jeden Tag für Christus zu leben. Wenn alles, was wir tun, sitzen und ertragen (oder sogar sitzen und genießen) ist, dann haben wir den Sinn verfehlt. Denn Gott führt keine Anwesenheitsliste.

Woher haben Menschen diese falsche Vorstellung, dass die Anwesenheit in der Gemeinde das Wichtigste sei? Sie haben sie von uns, liebe Pastorenkollegen! Sie haben sie von uns.

Wir sagen unseren Gemeinden durch unsere Predigten und Gemeindeleitbilder, dass der Gottesdienstbesuch beileibe nicht alles ist. Und dann vermitteln wir in unserer unterschwelligen Kommunikation das genaue Gegenteil.

Wir vermitteln unseren Gemeindegliedern, dass die Anwesenheit im Gottesdienst für Gott am wichtigsten ist, ...

> ... wenn wir Anwesenheitszahlen benutzen, um den Erfolg oder Misserfolg unserer Gemeinde zu bestimmen.
> ... wenn wir Menschen als geistliche Vorbilder hinstellen, die immer anwesend sind.

... wenn wir Gemeinden hervorheben, deren Besucherzahlen gewachsen sind, während wir diejenigen ignorieren, bei denen das nicht der Fall ist.
... wenn wir einen Großteil unserer Zeit, unseres Geldes und unserer Kraft investieren, um die Besucherzahlen unserer Gemeinde zu erhöhen, nur damit wir stolz verkünden können: »Letzten Sonntag hatten wir __ Personen im Gottesdienst!«
... wenn unser Ehepartner und unsere Kinder nicht wissen, ob sie sich auf das Mittagessen mit uns freuen sollen oder nicht, bis sie sehen, wie gut oder schlecht der Gottesdienst am Morgen besucht war.
... wenn wir Familien aus unserer Gemeinde dafür kritisieren, dass sie an zu vielen Wochenenden zu Verwandtenbesuchen oder Ausflügen unterwegs sind.
... wenn wir auf keinen Fall selbst ein Wochenende mit einem Verwandtenbesuch oder einem Ausflug verbringen würden.
... wenn wir genau wissen, wie viele Menschen im Gottesdienst in unserer Gemeinde waren, aber keine Ahnung haben, wie viele Menschen nachts in unserer Stadt auf der Straße schlafen.

Was zählt für Gott?

Ich weiß, was manche von Ihnen dachten, als Sie die Überschrift dieses Kapitels gelesen haben. Schließlich habe ich die gleichen Bücher gelesen und die gleichen Konferenzen besucht wie Sie.

»Natürlich zählt Gott die Menschen im Gottesdienst!«

»Wir zählen Menschen, weil Menschen zählen!«

»Wenn Gott Zahlen egal wären, dann gäbe es kein Buch in der Bibel, das ›Zahlen‹ heißt!«

Die letzte Aussage ist mein persönlicher Favorit. Ja, es stimmt, dass eins der Bücher der Bibel im Lateinischen »Numeri«, also »Zahlen«, genannt wurde (das 4. Buch Mose). Aber genauso richtig ist es, dass viele Bücher der Bibel nach einzelnen Menschen benannt wurden, einschließlich der vier Evangelien. Einige Bücher wurden nach Personengruppen benannt oder nach Städten und Regionen, in denen sich die

Gläubigen fast ausschließlich in Privathäusern versammelt haben, um Gott anzubeten – also in Hausgemeinden (sehr kleine Gemeinden).

Ich bin gern bereit, mich an den Büchern der Bibel zu orientieren, wenn wir einschätzen wollen, wie wichtig Zahlen für uns sein sollten. Lassen Sie uns nur sicherstellen, dass wir die ganze Bibel benutzen, wenn wir das tun.

Das »Menschen-zählen«-Zitat wurde berühmt durch Rick Warrens Buch »Gemeinde mit Vision« und wurde so oft von ihm in Seminaren zitiert, dass er es wahrscheinlich selbst nicht mehr hören kann. Ich habe ein bisschen Mitgefühl, wenn ich mir vor Augen halte, wie es vermutlich entstanden ist.

Ich hörte zum ersten Mal, dass Rick dieses Zitat benutzte, als ich in den Anfängen der Saddleback Church eine seiner Pastorenkonferenzen besuchte. Es war ein wunderbar hilfreiches Seminar, bei dem ich viel gelernt habe und mich unterstützt fühlte. Rick hat ein großes Herz und wollte seine Pastorenkollegen ermutigen. Zu jener Zeit kam die meiste Kritik, die sich gegen ihn und andere Megachurch-Pastoren richtete, von Menschen, die glaubten, Megagemeinden würden sich zerstörerisch auf das Reich Gottes auswirken, einfach deshalb, weil sie so groß waren. Das ist genauso verkehrt, wie kleine Gemeinden einfach deshalb zu verachten, weil sie klein sind.

Rick Warren war unfairerweise in der Position, seinen zahlenmäßigen Erfolg verteidigen zu müssen. Ich denke, der Großteil der Kritik hatte mehr mit Neid zu tun als mit sonst irgendetwas. Da sich meine Gemeinde in so großer geografischer Nähe zur Saddleback Church befindet, fahren viele Menschen jedes Wochenende an meiner Gemeinde vorbei, um zu Ricks Gemeinde zu gelangen. Darauf war ich oft neidisch.

Doch all der Neid ist falsch. Nicht nur falsch. Er ist Sünde.

Viele Pastoren von Megagemeinden sind ein Segen für mich und Millionen von anderen gewesen. In Gottes Plan gibt es Platz für uns alle. Rick Warren hätte niemals in die Position kommen dürfen, dass er sich gezwungen sah, nach einer Rechtfertigung dafür zu suchen, dass mehr Menschen in seine Gemeinde kamen als in meine.

2009 hatte ich einen Aha-Moment, der mir eine neue, überraschende Einsicht schenkte, warum Zahlen manche Pastoren inspirieren und andere nicht. Es war meine erste »Catalyst Conference«. Andy Stanley interviewte Rick Warren. (Konferenzen wie diese sind ein weiterer wichtiger Dienst, den Megagemeinden tun können und kleine Gemeinden nicht.) Das Interview war unbeschwert und fröhlich. Die Neckerei zwischen den beiden Megachurch-Pastoren wirkte freundschaftlich und herzlich. An einer Stelle bat Andy Rick, sich an einige seiner Kritiker zu wenden, insbesondere an diejenigen, die meinen, Megagemeinden seien zu zahlenorientiert. Rick antwortete mit viel Leidenschaft und erwähnte auch das »Menschen-zählen«-Zitat in seiner Erwiderung.

Später ging es im Interview um Burn-out bei Pastoren. Rick Warren schlug weise vor, dass Pastoren den wöchentlichen Sabbat halten sollten, indem sie einen anderen Tag als den Sonntag gänzlich freihalten sollten von allem, was mit Arbeit zu tun hat. Er sagte, da wir an allen anderen Tagen mit dem Kopf arbeiten würden, sei es eine gute Idee, an unserem Sabbat mit den Händen zu arbeiten. Er selbst tue dies in seinem Garten. Für ihn sei es Therapie, mit den Händen in der Erde zu wühlen. Ich schaffe es bestimmt nicht, alle Zahlen richtig wiederzugeben, aber Ricks Augen fingen geradezu zu strahlen an, als er Andy davon berichtete, dass er sieben verschiedene Arten Gemüse anbaute, neun Arten Obst, zwölf verschiedene Blumenarten und so weiter. Andy unterbrach diese Aufzählung, indem er humorvoll bemerkte (und dies ist ein direktes Zitat): »Wow, Rick, du zählst nicht nur Menschen, du zählst alles!« Es folgte ein herzhaftes Lachen. Vom Publikum und von Rick.

Da haben wir es, dachte ich.

Ich bezweifle nicht Rick Warrens Leidenschaft für Menschen. Mehr Menschen fanden jedes Jahr durch seinen Dienst zu Jesus und wuchsen in der Nachfolge, als dies wahrscheinlich in meinem ganzen Leben durch meinen Dienst geschehen wird. Ich glaube wirklich, dass er und andere Megachurch-Pastoren Menschen zählen, weil Menschen für sie zählen. Ich weiß auch Folgendes: Manche Pastoren zählen Menschen, weil manche Pastoren einfach alles zählen! So sind sie gestrickt. Sie sind zahlenorientiert. So hat Gott sie gemacht und es ist für sie ein Weg, motiviert zu werden und zu bleiben.

Aber nicht alle Pastoren sind so. Die meisten von uns sind es nicht. Ich weiß von mir, dass ich es nicht bin.

Ich lebe lieber mit den Menschen und erzähle ihre Geschichten, als dass ich Zahlen wiedergebe. Ich lerne lieber Menschen in einem Hauskreis kennen, als dass ich mich um die Logistik einer stadtweiten Kampagne kümmere. Ich besuche lieber eine Megachurch-Konferenz, als dass ich selbst der Gastgeber bin. Und ich sehe es lieber, dass sich kleine, mittelgroße, große und sehr große Gemeinden für ein gemeinsames Ziel einsetzen, als dass sie weiter darüber streiten, welche Gemeindegröße die »richtige« sei.

Die Liebe zählt

Warum sind wir besessen von der Größe einer Gemeinde? Ist es, weil die meisten Pastoren noch immer Männer sind und Größenvergleiche ihnen näher liegen? Oder sind wir einfach so sehr von Jesu ursprünglichem Ziel abgekommen?

Du sollst Gott lieben. Du sollst deinen Nächsten lieben. Das ist genug. Jesus hat es uns gesagt. Klar und deutlich.

Du sollst Gott lieben. Du sollst deinen Nächsten lieben. Das ist genug.

Vor einigen Jahren besuchte ich den Trauergottesdienst für Mark Armstrong, einen Freund von mir, der Pastor einer kleinen Gemeinde in der Innenstadt von Orange, Kalifornien war, nahe der Gegend, die »Orange Circle« genannt wird. Während dieser Zeit führte ich ein Tagebuch. An dem Tag, an dem der Trauergottesdienst stattfand, schrieb ich folgenden Eintrag:

»Heute habe ich an einem Trauergottesdienst für einen Freund teilgenommen, der 52 Jahre lang Pastor einer sehr kleinen Gemeinde im Orange Circle gewesen war. An den meisten Sonntagen kamen weniger als fünfzig Personen. Vielen Menschen kam es sicherlich so vor, als ob seine glorreichen Tage Jahrzehnte zurücklagen. Ich gebe zu, mir kam es auch so vor. Aber ich mochte ihn und fühlte mich jedes Mal ermutigt, wenn ich gelegentlich in seinen Gottesdienst ging.

Was mir nicht klar war – und wahrscheinlich war es bis zu seiner Beerdigung den wenigsten klar gewesen – diese Erfahrung hatten auch noch Hunderte, vielleicht Tausende anderer Menschen mit ihm gemacht bis zu dem Tag, als er starb. Der Gottesdienstraum, das Foyer und die Rasenfläche um das Gemeindegebäude waren mit über tausend Menschen gefüllt – darunter mindestens fünfzig Pastoren. Einige von ihnen sprachen in den Trauerreden darüber, wie Mark sie ermutigt hatte, als sie niedergeschlagen waren, und ihren Dienst zu einem kritischen Zeitpunkt gerettet hatte.

Dies war ein Mann, der – nahezu unsichtbar – das Leben gewöhnlicher Menschen im Orange Circle sowie das Leben von Pastoren auf der ganzen Welt berührt hatte. Wir haben heute in einem zweistündigen Gottesdienst einen kleinen Einblick davon bekommen. Wenn jeder, dem Mark geholfen hat, etwas hätte sagen können, wäre der Gottesdienst wohl erst in zwei Tagen zu einem Ende gekommen.

Liebe Gott, liebe deinen Nächsten. Viel zu oft ist dies für mich mehr ein Motto als ein Lebensstil. Für Mark war es kein Motto. Er hat es gelebt. Bis heute habe ich sein Leben als durchschnittlich gesehen – vielleicht sogar leicht unterdurchschnittlich. Heute habe ich es als das außergewöhnliche Werk gesehen, das es ist. Aber im Gegensatz zu den meisten Vergleichen zwischen meinem Leben und einem außergewöhnlichen, großen Leben hat mich dieser Vergleich nicht eingeschüchtert und keine Minderwertigkeitsgefühle ausgelöst. Mark hatte keine außerordentlichen Fähigkeiten. Sein Erfolg beruhte nicht auf dem, was er getan hat, sondern darauf, wer er war – und wie viel er geliebt hat.«

Gott und andere zu lieben, ist keine Gemeindewachstumsstrategie. Es ist kein Mittel zum Zweck. Es ist das Mittel und der Zweck.

Es heißt nicht: »Liebe Gott und andere, und dann wird sich deine Gemeinde füllen!« Diese Meinung habe ich übrigens in vielen Seminaren für Pastoren gehört, obwohl wir es natürlich nicht so ausdrücken würden. Wir denken solche Dinge, aber Jesus nicht.

Liebe Gott, liebe deinen Nächsten. Das ist alles. Es war gut genug für Jesus. Weil es gut genug für Jesus war, war es gut genug für meinen Freund Mark. Es sollte auch gut genug für den Rest von uns sein.

Der Grund, warum wir Gott und andere lieben sollen, ist nicht, damit wir, wenn wir eines Tages in den Himmel kommen, Jesus sagen hören: »Recht so, du guter und treuer Knecht! Mit dieser Strategie war der Gottesdienstraum beim Krippenspiel voll!« Wir sollen Gott und andere lieben, weil Gott tatsächlich will, dass wir ihn und andere lieben! Was für ein Konzept!

Ich denke, wenn wir Jesus eines Tages von Angesicht zu Angesicht sehen, ist das Größte, was wir aus seinem Mund hören können: »Gut gemacht, mein Kind. Du hast Gott und deinen Nächsten geliebt. Jetzt darfst du die Ewigkeit damit verbringen, Gott und deinen Nächsten zu lieben.«

Wenn wir Gott und andere lieben, wird dies in manchem Umfeld dazu führen, dass Tausende von Menschen in eine riesige Kathedrale strömen. Doch meistens wird dies nicht der Fall sein. Und das ist in Ordnung.

Der Grund, warum sich sowohl kleine als auch große Gemeinden manchmal für ihre Größe rechtfertigen müssen, ist so alt wie die menschliche Natur. Der Apostel Paulus entdeckte dies in der Stadt Korinth, wo verschiedene Christen oft gegeneinander ausgespielt wurden. Seine strenge Ermahnung gewann noch an Schärfe durch den Stachel des Sarkasmus:

> *»Es gibt noch eine Sache, in der ich Anordnungen treffen muss, und diesmal handelt es sich um etwas, wofür ich euch nicht loben kann. Ihr verhaltet euch bei euren Zusammenkünften nämlich so, dass es die Gemeinde nicht fördert, sondern ihr schadet. Ich habe – um damit zu beginnen – gehört, dass ihr euch, wenn ihr als Gemeinde zusammenkommt, in Gruppen aufspaltet, und zumindest teilweise glaube ich das auch. So, wie es bei euch steht, muss es ja zu Spaltungen kommen; nur dann wird sichtbar, wer von euch im Glauben bewährt ist.« (1. Korinther 11,17-19; Neue Genfer Übersetzung)*

»So, wie es bei euch steht, muss es ja zu *Spaltungen* kommen; nur dann wird sichtbar, wer von euch *im Glauben bewährt* ist.« Es können nicht beide Gruppen – kleine und große Gemeinden – im Glauben bewährt sein, oder? Entweder kleine Gemeinden versagen darin, Reich Gottes zu bauen und Menschen für Christus zu gewinnen, oder große Gemeinden müssen herzlose, menschengefällige, geldgierige, religiöse Unterhaltungszentren sein. Es kann nicht sein, dass beide okay sind, oder?

Menschen zählen. Egal, ob es zwei oder drei Menschen sind, die in Jesu Namen zusammenkommen, oder eine Menge von fünftausend und mehr hungrigen Seelen – Jesus wusste, dass jede Gruppe aus einzelnen Menschen besteht, die ihr Schöpfer persönlich kennt. Und aus irgendeinem Grund sind sie ihm so wichtig, dass er sogar die Haare auf ihren Köpfen zählt (eine Aufgabe, die bei mir von Jahr zu Jahr leichter wird ...).

Ganz abgesehen davon, dass die Gemeinde nach dem Neuen Testament eine Familie ist. Wie viele Familien kennen Sie, die ihre Liebe zueinander zeigen, indem sie täglich ihre Mitglieder zählen? Und wie viele Menschen würden sagen, dass eine Familie mit zehn Kindern gesünder und liebevoller ist als eine Familie mit drei Kindern, wie meine? Natürlich würden wir das nicht sagen.

Was eine Familie gesund und liebevoll macht, hat nichts mit Zahlen zu tun. Genauso sollte es auch in der Familie Gottes sein.

Die Gemeinde, die Gott wachsen sehen möchte

»Pastoren und auch Gemeindeglieder wollen, dass ihre Gemeinde wächst – und Gott will das auch!« Aussagen wie diese werden oftmals getroffen, ohne dass man groß über die Hypothesen nachdenkt, die dahinterstehen.

Ja, Pastoren wollen, dass ihre Gemeinde wächst – das sehe ich die ganze Zeit. Manchmal wollen wir es gar zu sehr und der Preis für ein derart überwältigendes Verlangen kann sehr hoch sein.

Aber wollen Gemeindeglieder wirklich, dass ihre Gemeinde wächst? Und will Gott es?

Genauer gefragt: Will Gott, dass *meine* Gemeinde wächst? Oder will Gott, dass *die* Gemeinde wächst?

Ich weiß, dass ich hier konventionelle Weisheit infrage stelle, aber muss konventionelle Weisheit nicht infrage gestellt werden? Und zwar möglichst oft?

Einer der Hauptanklagepunkte gegenüber kleinen Gemeinden ist, dass sie klein bleiben, weil sie eine kleine Vision haben. Früher habe ich das geglaubt. Jetzt nicht mehr.

Mir wurde gesagt, wenn meine Gemeinde nicht zahlenmäßig wächst, dann sei irgendetwas nicht in Ordnung. Dass Menschen, die eine kleine Gemeinde besuchen oder Pastor einer kleinen Gemeinde sind, sich mit weniger zufriedengeben, als Gott für sie vorgesehen habe. Dass ihre Vision und ihre Leidenschaft begrenzt seien. Dass sie das Geschenk des Evangeliums egoistischerweise für sich selbst behalten wollen würden.

Ich wollte nicht, dass dies auf mich oder meine Gemeinde zutraf, also habe ich mich nahe an den Burn-out gebracht, um dieses angebliche Problem zu lösen.

Wie sich herausstellte, war meine Gemeinde gar nicht kaputt – bis ich versuchte, sie zu »reparieren«.

Wenn wir den Menschen dienen, die wir haben, und den Menschen, die in unserer Nachbarschaft wohnen, dann sind wir nicht egoistisch. Wir geben uns auch nicht mit zu wenig zufrieden. Als ich die *Neue kleine Gemeinde* entdeckte, begann ich zu verstehen, dass ihre Vision – und Gottes Vision für sie – RIESIG ist.

Wenn wir uns nur darauf konzentrieren, als einzelne Gemeinde zu wachsen, verpassen wir dann nicht eine größere Vision?

Und so sieht die große Vision für die *Neue kleine Gemeinde* aus: Wir sind ein einzigartiger, unverzichtbarer Teil des Wirkens Gottes weltweit. Dieses Wirken ist zu groß, um in ein einziges Gebäude oder eine einzige Denomination zu passen. Es ist zu groß, als dass wir allein daran beteiligt sein könnten. Es ist zu groß, als dass ich es erfassen, planen oder aufhalten könnte. Es begann mit Jesus, wird von Jesus aufrechterhalten und wird nicht beendet sein, bis Jesus wiederkommt.

Ich kenne keine größere Vision als diese.

Wenn wir zu viel unserer Bemühungen darauf konzentrieren, als einzelne Gemeinde zu wachsen, verpassen wir dann das größere Bild – und eine größere Vision? Könnte es sein, dass wir Gottes Vision für *seine* Gemeinde beschränkt haben, indem wir so viel Zeit, Energie und Geld darauf verwendet haben, *unsere* Gemeinde zum Wachsen zu bringen?

Schließlich hat Jesus uns niemals den Auftrag gegeben, die Gemeinde zu bauen. Diese Aufgabe hat er sich sehr klar selbst vorbehalten, als er sagte: »Auf diesem Felsen werde *ich* meine Gemeinde bauen.« (Matthäus 16,18) Und das Wachstum der Gemeinde Jesu ist Gott sei Dank nicht begrenzt auf das Wachstum der Ortsgemeinde, in der ich zufälligerweise zu irgendeiner Zeit Pastor bin. Und nicht nur das. Da Jesus für den Bau seiner Gemeinde verantwortlich ist, sollten wir etwas, was wir durch unsere eigenen Anstrengungen, unsere Ideen und unsere charismatische Ausstrahlung bauen, vielleicht gar nicht »Gemeinde« nennen.

Nur Jesus baut Gemeinden.

Deshalb frage ich mich: Könnte es sein, dass das Ringen um das Wachstum *meiner* Gemeinde tatsächlich eine kleinere Vision offenbart als das, was Jesus im Sinn hat? Wenn ich aber stattdessen Gottes Vision für den ganzen Leib Jesu und meine Rolle darin als Pastor einer kleinen Gemeinde annehme – ist das nicht gerade die »größere« Vision?

Das Maximum ist nicht dasselbe wie das Optimum

Größer ist nicht zwangsläufig besser.

Wenn Pastoren einander fragen, ob ihre Gemeinde wächst, dann meinen sie damit immer, ob die Gemeinde größer wird.

Jedes Jahr füllen wir als Gemeinde einen Bericht aus über die aktuellen Statistiken – Gottesdienstbesuch, Finanzen, Spenden, Bekehrungen, Taufen ... Ich verstehe die Notwendigkeit dieser Berichte. Ich weiß aber auch: Wenn das Einzige, was Sie über unsere Gemeinde wüssten, die Informationen aus diesen Berichten sind, dann sähe es so aus, als würden wir bestenfalls unser Niveau halten und schlimmstenfalls schrumpfen. Unsere Besucherzahlen im Gottesdienst haben sich in den letzten Jahren relativ beständig gehalten und die schlechte wirtschaftliche Lage hat dazu geführt, dass unsere Einnahmen etwa um ein Drittel gesunken sind.

Meine Gemeinde wird nicht größer. Nicht im Blick auf die Besucherzahlen am Sonntagmorgen. Statistisch gesehen sind wir eine dieser scheinbar mittelmäßigen Gemeinden, die auf demselben Stand stehen bleiben und die der Anlass dafür sind, dass Vorstände von

Denominationen und Gemeindeanalysten Notfallsitzungen einberufen, um darüber zu diskutieren, wie sie uns auf Vordermann bringen können.

Aber das ist gar nicht nötig, denn wir wachsen in der Tat. Schon seit Jahren. Die Menschen in unserer Gemeinde freuen sich darauf, zum Gottesdienst zusammenzukommen. Sie bringen gern ihre Freunde und Angehörigen mit. Das Gebäude wird jede Woche an 6 Tagen genutzt, in vielen Wochen sogar an sieben Tagen. Oft von sechs Uhr morgens bis nach 21 Uhr. Nicht für Sitzungen (davon haben wir nur sehr wenige), sondern für die verschiedensten Gemeindetreffen und Veranstaltungen.

Manchmal ist das, was von außen wie Stillstand aussieht, einfach die optimale Größe der Gemeinde, um heilsame Frucht zu bringen.

Zusätzlich treffen sich Hauskreise und Kleingruppen in den Häusern unserer Gemeindemitglieder. Darüber hinaus haben wir ein Haus für junge Leute, die für ein oder zwei Jahre zu uns kommen, um uns tatkräftig zu unterstützen. Ehen erfahren Wiederherstellung. Obdachlose erhalten Essen und liebevolle Zuwendung. Eine Gemeinde in Mexiko empfängt uns mehrmals im Jahr voller Freude, wenn wir ihnen Hoffnung und materielle Güter bringen. Jedes Jahr sparen viele unserer Gemeindemitglieder genügend Geld, um ihren Urlaub in einem Missionseinsatz in Panama, Zimbabwe oder Nordirland zu verbringen, anstatt sich am Strand zu erholen. Und ich habe noch gar nicht davon gesprochen, was in unserer Kita, unseren Sommercamps und auf unseren Wochenendfreizeiten passiert.

Manchmal ist das, was wir Stillstand nennen, einfach der Zustand, in dem eine Gemeinde ihre optimale Größe erreicht hat und dann diese Größe nutzt, um heilsame Frucht zu bringen.

Eins der schlimmsten Dinge, die eine Gemeinde tun kann, nachdem sie ihr Optimum erreicht hat, ist das ständige Streben nach dem »Maximum«.

Aber wir tun das. Ich habe es getan.

Ich wollte, dass die Gemeinde besser wird – das will ich immer noch – und ich war davon überzeugt, dass »besser« größer bedeutet.

Ich habe mich geirrt.

Keine Gemeinde hat unbegrenzte Ressourcen. Ja, wir haben einen unbegrenzten Gott. Aber ich bin nicht Gott. Ich habe Grenzen, und meine Gemeinde auch. Es ist weder gesund noch geistlich noch hilfreich, eine Gemeinde zu etwas anzutreiben, zu dem Gott sie nicht gerufen hat – nur, um Gemeindewachstumstheorien gerecht zu werden oder dem Ego des Pastors. Es ist auch dann nicht gesund, wenn wir es »Glauben« nennen.

Wenn die optimale Größe einer Gemeinde 150–200 ist, ist es dann fair zu sagen, sie sei geschrumpft, wenn die durchschnittliche Anzahl der Gottesdienstbesucher für eine Weile von 180 auf 170 zurückgeht? Erlebt eine Gemeinde Stillstand, wenn sie neuerdings einen großen Teil ihrer Energie darauf verwendet, erfolgreich geistliche Angebote unter der Woche zu machen oder den Armen in ihrem Stadtviertel zu dienen, aber nicht mehr Sitzplätze am Sonntagmorgen im Gottesdienst füllt?

Es gibt viele Wege zu wachsen, auch dann, wenn Ihr Gebäude, Ihre Berufung, Ihre Gaben oder Ihr Gemeindestil zu Besucherzahlen am Sonntagmorgen geführt haben, die andere Leute als niedrig bezeichnen würden. Wenn die optimale Größe erreicht ist, kann weiteres Wachstum auf andere Weise geschehen.

Kann eine Gemeinde zu klein sein und ihr Potenzial nicht erreichen? Ja. Das zeigt sich zum Beispiel daran, wenn Gemeindegebäude unter der Woche leer stehen (und oftmals auch am Wochenende) und die Gemeinde einen zu geringen oder gar keinen Einfluss auf ihr Umfeld ausübt.

Kann eine Gemeinde gleichzeitig zu groß und zu klein sein? Das würde ich auch bejahen. Ein schlechter Gesundheitszustand ist in einer großen Gemeinde weniger offensichtlich, doch manche Megagemeinden sind kaum mehr als Eitelkeitsprojekte für den Pastor, Statusclubs für die Reichen oder Orte, die Menschen, die meinen, Gott führe Anwesenheitslisten, ein falsches Gefühl geistlicher Sicherheit vermitteln.

Nicht alles Wachstum ist numerisch. Wenn Sie in einer Gemeinde sind, die gesund ist, in der die Menschen geistlich wachsen, ihren Stadtteil positiv beeinflussen, in Mission und Evangelisation investieren und das Leben anderer zum Guten verändern, wäre es vollkommen falsch, die Ressourcen umzulenken, um irgendwelchen idealen Zahlen nachzujagen.

Wir üben keinen Druck auf Gemeindemitglieder aus, eine gewisse Anzahl von Menschen zu Jesus zu führen – zumindest sollten wir das nicht. Der eine mag von Gott dazu berufen sein, dabei mitzuwirken, viele Menschen zu Jesus zu führen, während ein anderer die Berufung Gottes für sein Leben erfüllt, indem er viele Jahre einen älteren Angehörigen pflegt, sodass dieser Mensch die Liebe Gottes erfährt.

Jede Person und jede Gemeinde hat ihre eigene Berufung und die dazugehörigen Freuden und Lasten.

KAPITEL 11

EINE NEUE ART, ERFOLG ZU DEFINIEREN

Ich erinnere mich, wie Francis Chan einmal kritisierte, dass amerikanische Gemeinden mitunter zu sehr auf die Mitgliederzahlen schauen würden. Jesus misst Gemeinden nach anderen Maßstäben als dem, wie viele Mitglieder sie vorweisen können.

Während einer Pastorenkonferenz erzählte uns einer der Redner von Gesprächen, die er mit einem anderen Pastor geführt hatte. Als sie in Gemeinden in unterschiedlichen Teilen des Landes arbeiteten, tauschten sie sich gelegentlich am Telefon aus. Die Gemeinde des zweiten Pastors wuchs in einem rasanten Tempo und ist heute eine bekannte Megachurch. Der erste Pastor, der die Geschichte erzählte, erlebte nur ein moderates Wachstum in einer Gemeinde mit einigen Hundert Mitgliedern.

Doch die Gespräche mit seinem Kollegen waren für ihn überaus wichtig, denn beide ermutigten einander in ihrem Dienst. Wenn er sich zum Beispiel schlecht fühlte, weil seine Gemeinde nicht annähernd so schnell wuchs wie die seines Freundes, sagte der Megachurch-Pastor zu ihm: »Hey, deine Gemeinde gehört mit dieser Größe doch trotzdem zu den besten 15 Prozent in unserem Land!«

Geht es nur mir so oder gibt es auch andere Menschen, die es besorgniserregend finden, dass ein Pastor den anderen damit ermutigt, 85 Prozent aller anderen Gemeinden und Pastoren im Land schlechtzumachen? Ich weiß, dass das nicht seine Absicht war, aber das ist damit impliziert. »Du bist besser als jene anderen Pastoren und Gemeinden« – das ist es, was er im Grunde gesagt hat.

Ist das eine angemessene Ermutigung? Oder bestärkt es eine falsche Art, den Wert einer Gemeinde zu beurteilen? Wäre es nicht besser, wenn Pastoren sich gegenseitig Geschichten von Heilung und veränderten Leben erzählen würden, anstatt sich über Besucherzahlen auszutauschen?

Was bringt eine gesunde Gemeinde hervor?

Wenn wir weniger darauf achten, wie viele Plätze besetzt sind, woran messen wir dann, ob eine Gemeinde erfolgreich ist?

Kurz nachdem ich in Bezug auf den Wert einer bestimmten Gemeindegröße eine Herzensveränderung erlebt hatte, stellte ich den ehrenamtlichen Leitern in unserer Gemeinde genau diese Frage, und zwar während unseres jährlichen Visionswochenendes. Die Antwort war für sie offensichtlich. Ich glaube, sie waren schockiert, dass ich diese Frage überhaupt stellte – und vielleicht enttäuscht darüber, dass ihr Leiter die Antwort nicht selbst kannte.

Wachsen einzelne Menschen in ihrem Glauben? Hat unsere Gemeinde Auswirkungen auf unseren Stadtteil?

»Ich denke, wir sollten Erfolg so messen, wie Jesus es tat«, war die umgehende Antwort. »Wachsen einzelne Menschen in ihrem Glauben? Gibt es Auswirkungen auf unser Umfeld und unseren Stadtteil? Das ist es, worauf es ankommt.«

Mehr und mehr Menschen stimmen dem zu und sagen dies auch öffentlich. In seinem Buch »unChristian« stellte David Kinnaman fest, dass Erfolg weniger an der Größe der Gemeinde als vielmehr an der Qualität des geistlichen Wachstums im Leben einzelner Menschen gemessen werden sollte.

Der deutsche Theologe Helmut Thielicke schrieb einst ein leicht verständliches Buch mit dem Titel »Kleines Exerzitium für Theologen«. Die Prämisse dieses Werkes ist, dass wir uns als ausgebildete, professionelle Theologen davor in Acht nehmen müssen zu meinen, wir hätten alle Antworten. Es wäre ratsam, mehr das Wissen und die Weisheit der Menschen, die jeden Sonntag im Gottesdienst sitzen, zu beachten.

Thielicke ermutigte seine Leser, nicht jeder neuen theologischen Idee oder Strategie nachzujagen, sondern alles zu prüfen anhand der Bibel und anhand des geistlichen Instinktes der Kinder Gottes.

Der Mann hatte recht. Genau wie meine wunderbaren treuen, weisen und geduldigen Gemeindeleiter. Wir müssen Erfolg so messen, wie Jesus es tat. Wachsen einzelne Menschen in ihrem Glauben? Hat der Glaube Auswirkungen auf ihr Leben und ihr Umfeld?

In einem vorangegangenen Kapitel haben wir über die Probleme gesprochen, die entstehen, wenn eine Gemeinde eine andere verachtet. Manchmal lässt sich dieses unchristliche Verachten auch beobachten, wenn »Geistliche« über »Laien« sprechen (ein ungesundes und unbiblisches Wortpaar, das wir aus unserem Wortschatz verbannen sollten).

Der Verachtung der Laien durch Geistliche wird der Boden bereitet, wenn uns auf Gemeindewachstumskonferenzen gesagt wird: Jeder in der Gemeinde, der den wundervollen neuen Ideen widerspricht, sei ein rückwärtsgewandter Visionskiller.

Auch dazu hat Thielicke etwas zu sagen: Wenn wir als Pastoren von einer neuen Idee begeistert sind, sollten wir auf Bedenken der sogenannten »einfachen Gemeindemitglieder« eingehen und sie ernst nehmen. Sie sehen manchmal mehr als wir.

Malcolm Gladwell äußerte sich in seinem bahnbrechenden Buch »Blink! Die Macht des Moments« zu diesem Phänomen (im säkularen Bereich). Ein unvoreingenommener Betrachter erkennt manchmal eine Wahrheit in nur einem Augenblick, während den »Experten« die Sicht verstellt ist, weil sie mit ihren detaillierten Studien zu nah dran sind. Das große Ganze kann in den Details verloren gehen und Expertenwissen kann dem gesunden Menschenverstand im Wege stehen. Der Nichtexperte kann vielleicht noch nicht einmal sagen, was daran falsch ist. Er spürt es einfach.

Wenn wir diese Gefühle, diese inneren Eindrücke, verachten, dann schaden wir damit uns und unserer Gemeinde. Manchmal kommen diese Eindrücke vom Heiligen Geist.

Zurück zu dem Rat meiner ehrenamtlichen Leiter, Erfolg am Wachstum Einzelner zu bemessen. Mitunter behagt uns das nicht so ganz, weil wir unsere Erfolge gerne in Zahlen nachweisen wollen.

In diesem Satz gibt es zwei riesige Probleme – und zwar mit den Worten »Zahlen« und »unsere«. Erstens kann man nicht alle Erfolge mit Zahlen belegen. Zweitens sind die Erfolge der Gemeinde nicht *unsere* Erfolge. Wir müssen uns erstens daran gewöhnen, dass es Erfolg ohne Zahlen gibt, und zweitens daran, dass nicht alle Erfolge unsere Erfolge sind.

Erfolg ohne Zahlen

In früheren Jahren habe ich eine andere These der Gemeindewachstumsbewegung gehört und geglaubt: dass die Frucht einer gesunden Gemeinde andere Gemeinden seien, genau wie die Frucht eines gesunden Baumes andere Bäume sind. Ich habe das geglaubt, weil es die Wahrheit ist. Leider ist es nicht die ganze Wahrheit.

Die Hälfte der Frucht eines gesunden Baumes ist ein anderer Baum. Die andere Hälfte der Frucht eines gesunden Baumes ist – wenig überraschend – Frucht. Nicht alle Samen sind dazu bestimmt, neue Bäume, also zahlenmäßiges Wachstum, hervorzubringen. Die meisten sind es nicht. Die meisten werden mit der Frucht gegessen, während diese ihre lebenserhaltende Energie anbietet, zum Wohl von anderen. Sie werden konsumiert, nicht gepflanzt. Es tut mir leid, meine Freunde mit dem Samenglauben, aber ihr müsst einiges von eurem Saatgut essen!

Es ist leicht, den Wert von gesunden Samen zu berechnen, aus denen andere Bäume entstehen, denn man kann diese neuen Bäume zählen. Es ist weitaus schwieriger, den Wert der gesunden Frucht zu berechnen, die von der Familie des Bauern gegessen wird. Doch diese Verwendung der Frucht ist genauso wertvoll. Man könnte sogar argumentieren, dass das Endziel der Saat das Essen gesunder Frucht sei und nicht das Pflanzen von anderen gesunden Bäumen. Denn schließlich, wenn alles Saatgut gesät würde, aber keine Frucht gegessen würde, wozu pflanzen wir dann überhaupt Bäume?

Beide Verwendungsarten der Frucht und des Saatguts sind wertvoll. Doch im Gegensatz zu der »Baum-bringt-Baum-hervor«-Metapher findet sich die »Baum-bringt-Frucht-hervor«-Metapher in der Bibel. Nie hat Jesus etwas darüber gesagt, dass Bäume neue Bäume hervorbringen müssen. Aber er sagte: »Jeder Baum, der keine guten Früchte hervorbringt, wird umgehauen und ins Feuer geworfen. An ihren Früchten also werdet ihr sie erkennen.« (Matthäus 7,19-20) Und als Jesus den Feigenbaum verfluchte, tat er das nicht, weil er Samen von ihm bekommen wollte, um andere Bäume zu pflanzen. Er wurde zornig, weil er Hunger hatte und der Baum ihm keine Nahrung bot (Matthäus 21,19).

Nicht jede Gemeinde ist dazu berufen, andere Gemeinden zu gründen. Ihre Hauptaufgabe ist es, die Herde zu nähren – so wie Jesus es Petrus aufgetragen hat. Das ist Erfolg. Und er ist wirklich unermesslich – im zweifachen Sinne.

Erfolg, der nicht uns gehört

Ein amerikanisches Sprichwort sagt: »Es gibt keine Grenzen für das, was ein Mensch tun kann – solange es ihm egal ist, wer dafür die Lorbeeren erntet.«

Da ist etwas Wahres dran, aber es ist nicht die ganze Wahrheit.

Gewiss wäre es toll, wenn wir alle unser Ego zurücknehmen könnten – und darum geht es in diesem Zitat. Aber die Bibel stellt klar, dass es durchaus wichtig ist, wer die »Lorbeeren erntet«, also wer für den Erfolg geehrt wird. Wir müssen sicherstellen, dass es Jesus ist.

Noch einmal erinnere ich Sie an den wichtigsten Vers zum Thema Gemeindewachstum in der Bibel. Jesus sagt: »*Ich* werde meine Gemeinde bauen.« Die beiden Schlüsselwörter sind »ich« und »meine«.

Viele kleine Gemeinden sehen es als ihren Auftrag an, Sendende zu sein, nicht »Anziehende«.

Wie wir bereits besprochen haben, sagen uns diese Worte, dass es Jesu Gemeinde ist, nicht unsere. Deshalb wird er dafür geehrt, dass er sie baut, überall auf der Welt.

Wenn jemand also durch meine Bemühungen in eine gesunde Gemeinde in unserem Stadtteil oder irgendwo anders auf der Welt findet, freue ich mich genauso darüber, als wenn er in die Gemeinde kommt, in der ich Pastor bin. Das ist es, was viele kleine Gemeinden als ihren Auftrag sehen: Sie sind Sendende, nicht Anziehende. Sie wachsen vielleicht nicht zahlenmäßig in ihrem Gemeindegebäude und werden vielleicht nie offiziell eine neue Gemeinde gründen, aber die Menschen, die von ihrer Frucht essen, wachsen persönlich und streuen Samen aus, wo immer sie hingehen.

Nochmals: Das schenkt uns keine beeindruckenden Zahlen für unseren jährlichen Gemeindebericht, deshalb sieht vielleicht niemand außer Gott die Folgen. Aber Gott sieht sie. Und das sollte genug sein.

Als meine Kinder alt genug waren, um arbeiten zu gehen, gab ich jedem von ihnen denselben Rat, als sie sich am ersten Arbeitstag nervös auf den Weg machten. Ich sagte ihnen, sie sollten jeden Tag mit drei Regeln in ihrem Kopf beginnen. Erstens: Sei pünktlich bereit, mit der Arbeit zu beginnen. Zweitens: Gib alles, was du hast, wenn du da bist. Drittens: Nimm nichts mit, was dir nicht gehört, wenn du gehst. Wenn du das tust, wirst du immer ein begehrter Arbeitnehmer sein.

Diese Regeln lassen sich gut auf einen Pastor übertragen. Erstens: Seien wir jeden Morgen bereit, unsere Arbeit anzugehen – körperlich, emotional, mental und geistlich. Und zwar die Aufgaben, die wir haben – nicht diejenigen, von denen wir träumen. Zweitens: Geben wir unser Bestes – und vertrauen wir darauf, dass mit Gottes Hilfe bessere Dinge geschehen werden als das, wozu wir von uns aus fähig sind. Drittens: Nehmen wir am Ende des Tages nichts mit, was uns nicht gehört. Lassen wir alle Schuldzuweisungen im Papierkorb und geben wir alle Ehre Gott.

Jesus und die Menge – eine unglückliche Verbindung

Viele Bücher über Gemeindewachstum beschäftigen sich ausführlich damit, wie Jesus die Massen angezogen hat. Und es stimmt – er hat tatsächlich große Menschenmengen angezogen, manchmal so groß wie eine Megachurch! Doch was diese Bücher nicht erwähnen, ist, dass Jesus eigentlich mehr Zeit damit verbracht hat, die Massen zu vermeiden, als sich darum zu bemühen, sie anzuziehen.

Nicht nur das – viele Methoden, die Jesus ihrer Meinung nach nutzte, um Menschenmengen anzuziehen, benutzte er in Wirklichkeit dazu, sie auszudünnen! Zum Beispiel seine Gleichnisse. Wie viele Gemeindewachstumsstrategen haben mir gesagt, ich müsse mehr Geschichten erzählen, weil dies einer der Wege sei, mit denen Jesus sein Publikum vergrößert habe!

So steht es aber nicht in der Bibel. Ja, Jesus hat Gleichnisse erzählt.

Sehr viele sogar. Aber er hat auch sehr deutlich gesagt, dass der Grund dafür nicht etwa sei, Menschenmengen anzuziehen, sondern sie zu verkleinern. So sagte Jesus seinen Jüngern: »Euch ist es gegeben, die Geheimnisse des Reiches Gottes zu verstehen. Zu den anderen aber wird in Gleichnissen geredet; denn sie sollen sehen und doch nicht sehen, hören und doch nicht verstehen.« (Lukas 8,10)

Kürzlich haben wir in unserer Gemeinde eine zehnwöchige Serie über das Leben Jesu abgeschlossen. Der Grundgedanke war, sich weniger mit einzelnen Details zu beschäftigen, sondern sich auf die großen Themen in Christi Leben und Dienst zu konzentrieren. Eine Sache, die wir feststellten, war: Wenn Jesus Menschenmassen anzog, dann war es fast immer unbeabsichtigt und unerwünscht.

Statt ein Marketingteam anzustellen, benutzte Jesus oft Taktiken (unter anderem Gleichnisse), um die Menschenmengen zu reduzieren. Ein Beispiel: Jesus vollbrachte ein Wunder, um 5.000 Menschen mit Nahrung zu versorgen, weil sie an einem »einsamen Ort« (Markus 6,31) waren. Dorthin war Jesus eigentlich gegangen, um der Menge zu entkommen. Die Menschen aber kamen ihm zuvor, weil sie gehört hatten, wo er hinging. »Da kamen die Leute aus allen umliegenden Ortschaften angelaufen und waren so auf dem Landweg noch vor ihnen dort.« (Markus 6,33) Als Jesus später mit dem Vater sprach, dessen Sohn von einem Dämon besessen war, unterbrach Jesus ihre Unterhaltung abrupt und heilte den Jungen, um eine Menschenmenge zu vermeiden, die gerade dabei war, sich zu sammeln.

Jesu Abneigung gegen Menschenmengen war geradezu extrem. Als Jesus anfing, ernsthaft über die Notwendigkeit seines bevorstehenden Todes zu sprechen, konnte die Menge einschließlich vieler Jünger mit dieser Wahrheit nicht umgehen. Anstatt seine Wortwahl etwas abzumildern, um die Menschen nicht abzustoßen, konfrontierte Jesus sie umso stärker. Er fügte hinzu, dass es nicht nur wichtig sei, das Kreuz zu akzeptieren, sondern auch Folgendes zu tun:

> *»Jesus sprach zu ihnen: Wahrlich, wahrlich, ich sage euch: Wenn ihr nicht esst das Fleisch des Menschensohns und trinkt sein Blut, so habt ihr kein Leben in euch. Wer mein Fleisch isst und mein Blut trinkt, der hat das ewige Leben, und ich werde ihn am Jüngsten Tage auferwecken.*

Denn mein Fleisch ist die wahre Speise, und mein Blut ist der wahre Trank. Wer mein Fleisch isst und trinkt mein Blut, der bleibt in mir und ich in ihm. Wie mich gesandt hat der lebendige Vater und ich lebe um des Vaters willen, so wird auch, wer mich isst, leben um meinetwillen […] Viele nun seiner Jünger, die das hörten, sprachen: Das ist eine harte Rede; wer kann sie hören? Da Jesus aber bei sich selbst merkte, dass seine Jünger darüber murrten, sprach er zu ihnen: Nehmt ihr daran Anstoß?« (Johannes 6,53–57, 60–61)

»Nehmt ihr daran Anstoß?«, fragte Jesus. Natürlich taten sie das! Es war beabsichtigt, dass sie sich ärgerten! Jesus sprach über seinen Tod in einer Weise, dass es so schien, als würde er sagen, dass Kannibalismus eine Voraussetzung sei, um ihm nachzufolgen – Kannibalismus!

Als die Jünger versuchten, ihm zu helfen, indem sie ihn wissen ließen, wie abstoßend seine Lehre war, tat Jesus nichts, um etwaige Missverständnisse zu beseitigen. Stattdessen ließ er den Gedanken des möglichen Kannibalismus im Raum stehen. Weiter heißt es: »Daraufhin zogen sich viele seiner Jünger zurück und gingen nicht mehr mit ihm umher.« (Johannes 6,66) Wen wundert's! Und anstatt dass Jesus nun hinter den Leuten herlief, wandte er sich an seine Jünger und fragte: »Wollt auch ihr weggehen?« (Vers 67) Er öffnete ihnen sozusagen die Hintertür!

Diese Strategie wurde in keinem der Bücher über Gemeindewachstum, die ich gelesen habe, empfohlen. Ich selbst würde sie auch nicht empfehlen. Sosehr ich auch die »What would Jesus do«-Bewegung bewundere – es gibt manche Dinge, die Jesus tat, die seine Nachfolger niemals versuchen sollten. Zum Beispiel, sich buchstäblich ohne Boot vom Strand auf einen stürmischen See zu begeben.

Nur weil wir immer mehr Menschen in unsere Gemeinden wollen, heißt das noch lange nicht, dass Jesus das will.

Mehr als Besucherzahlen und Budget

Als unsere Gemeinde vor einigen Jahren Ideen für eine Website sammelte, lernte ich auf einer Pastorenkonferenz einen Webdesigner kennen, der uns ein kostenloses Treffen anbot. *Kostenlos ist gut,* dachte ich. Also vereinbarte ich einen Termin.

Ein paar Wochen später kam er zu uns. Ich führte ihn durch unser Gemeindegebäude, was etwa fünf Minuten dauerte. Bis wir in meinem Büro Platz genommen hatten, spürte ich, dass er kein wirkliches Interesse mehr hatte. Treffen wie diese hatten den Sinn, Aufträge in der Erstellung und Pflege von Webseiten zu akquirieren, und das Gebäude, das er gerade besichtigt hatte, ließ darauf schließen, dass der Auftrag nicht so groß sein würde, wie er gehofft hatte. Er war einer der Leute, die ich in einem früheren Kapitel erwähnt habe – die fragten, wo der Hauptsaal sei, während wir mittendrin standen.

Er eröffnete das Gespräch, indem er uns nach unserer Vision für unsere Website fragte. Ich versuchte, ihn aufzumuntern, indem ich darauf hinwies, dass wir nicht die Absicht hätten, die Größe unseres Dienstes auf die Größe unseres Gebäudes zu beschränken. Unsere Website sollte mehr als ein elektronischer Gemeindebrief sein. Stattdessen wollten wir das Internet als einen von vielen Wegen nutzen, um den Dienst der Gemeinde zu erweitern. Das schien ihn zu motivieren und er begann seine Verkaufspräsentation.

Alles, was er uns an diesem Tag darüber zeigte, wie man eine erfolgreiche Gemeinde-Homepage gestaltete, hatte zwei Ziele: die Besucherzahlen und die Spendengelder zu erhöhen. Nach einer Weile unterbrach ich seine Präsentation. »Das ist ein Teil dessen, was wir tun wollen«, versicherte ich ihm. »Mehr Leute im Gottesdienst begrüßen zu können und über ein höheres Budget zu verfügen, ist immer hilfreich. Aber das ist nicht unser Hauptziel. Meine Vorstellung ist folgende: Wir wollen die Website nicht nur dazu nutzen, um unseren Dienst vorzustellen, sondern um Menschen zu dienen und ihnen etwas mitzugeben. Ich denke an Predigten, Artikel, Angebote für Seelsorge und Gebet und anderes mehr, sodass unsere Gemeinde Menschen von Denver bis Dublin dienen kann, die niemals unser Gebäude betreten oder auch nur einen einzigen Dollar auf unser Bankkonto überweisen werden.«

»Unser Gemeindegebäude ist klein«, fuhr ich fort. »Wir wollen unsere Website nicht nur dazu nutzen, um mehr Menschen in dieses Gebäude zu bekommen, denn es passt ja nur eine begrenzte Anzahl von Leuten hinein. Selbst wenn wir das größte Gemeindegebäude errichten würden, das die Welt je gesehen hat, wäre es doch mickrig im Vergleich zu der Menge an Menschen, die wir durch das Internet erreichen können. Wie können Sie uns helfen, einen solchen Dienst zu beginnen?«

Der Webdesigner war verblüfft. Er versuchte, uns davon zu überzeugen, dass dies kein brauchbarer Ansatz war, indem er uns zeigte, was andere Gemeinden mit ihm zusammen erarbeitet hatten. Ich erinnere mich zumindest noch daran, dass sie alle einen »Spenden«-Button gut sichtbar auf jeder einzelnen Unterseite der Website hatten. Immer wieder betonte er, wie gut das funktioniere.

Ich werfe es ihm nicht vor, dass er so dachte. Er konnte einfach die Idee nicht begreifen, dass jemand unsere Website besuchen, online eine Predigt hören, sein Leben Christus geben und dann eine *andere* Gemeinde besuchen könnte. Das war nicht das, was er für einen legitimen Gebrauch von Gemeinderessourcen und eine legitime Art von Gemeindewachstum hielt. Wenn es keine Möglichkeit gebe, dass diese Person jemals unser Gemeindegebäude betreten würde, um die Besucherzahl im Sonntagmorgengottesdienst zu erhöhen, dann hatte er nichts, was er mir anbieten konnte.

Es ist an der Zeit, dass ich etwas sage, was Pastoren normalerweise nicht zugeben – noch nicht einmal sich selbst gegenüber.

Wollen Sie wissen, was der Hauptgrund ist, weshalb Pastoren den Gottesdienstbesuch im Vergleich zu allen anderen Kriterien für Gemeindewachstum und -gesundheit am stärksten betonen?

Da wird die Kollekte eingesammelt. Es geht um Geld.

Das bedeutet natürlich nicht, dass die Sonntagsgottesdienste nicht wichtig für das Gemeindeleben wären oder dass es nicht seine Berechtigung hätte, darauf zu achten, wer im Gottesdienst ist und wer nicht. In vielen Gemeinden – einschließlich meiner – bleibt der Sonntagsgottesdienst das zentrale Geschehen, von dem aus alle anderen Dienste der Gemeinde ausgehen – und das ist gut so. Aber die Tatsache, dass dies der Platz im Gemeindeleben ist, wo wir die Spende für die Gemeindearbeit sammeln, rangiert auf der Wichtigkeitsskala vieler Gemeindeleiter weit oben. Wenn du den Sonntag vermasselst, vermasselst du den »Zahltag«.

Der andere Grund, weshalb die Besucherzahlen am Sonntag eine unverhältnismäßig hohe Wichtigkeit erlangt haben, ist das ständige Vergleichen. Wir sollten das nicht – aber wir tun es in unseren Gemeinden andauernd. Es geht um Besucher im Gottesdienst. Wenn ich auf Konferenzen bin, fühlt es sich manchmal so an wie bei Ballspielen, bei denen wir den Kindern sagen, dass niemand die Punkte zählt, aber im Grunde weiß doch jeder Erwachsene genau, welches Team vorne liegt.

Könnte es sein, dass Jesus uns sagen möchte, dass Besucherzahlen und Finanzen für ihn nicht das Wichtigste sind? Dass es ihm vielmehr um die Menschen geht? Sogar um solche, die niemals in unserem Gottesdienst sitzen werden? Wenn sie *ihm* wichtig sind, dann sollten sie *uns* doch auch wichtig sein.

Sich identifizieren mit Menschen in Not

Einer der Gründe, weshalb ich Rick Warren bewundere, ist seine Transparenz. So schrieb er zum Beispiel in *Kirche mit Vision*, dass er die Saddleback Church in Lake Forest gegründet habe, weil diese Stadt bestimmte demografische Merkmale aufweise. Er wollte dorthin gehen, wo die meisten Leute waren, und seine Recherchen hatten ergeben, dass der Süden des Orange County in Kalifornien zu jener Zeit auf Platz eins des Bevölkerungswachstums stand. Außerdem war die Bevölkerung dort tendenziell jung und mobil.

Doch was ist mit Pastoren, die an Orte berufen werden, die unter starker Bevölkerungsabwanderung leiden? Oder wo die Bevölkerung älter wird? Oder die Mobilität der Leute sinkt? An vielen dieser Orte wird eine Gemeinde niemals groß sein – wenigstens nicht in den nächsten ein bis zwei Generationen. Zeit und Geld darauf zu verwenden, in einer von Armut betroffenen Gegend eine Megachurch zu bauen, mag nicht das Richtige sein. Ein tolles, kunstvoll gestaltetes Gebäude könnte in Bezug auf die Prioritäten der Gemeinde die falsche Botschaft senden.

Es gibt Orte, an denen eine Megachurch unmöglich oder unangebracht ist. Doch es gibt keinen Ort auf der ganzen Welt, an den eine kleine Gemeinde nicht passen würde. In manchen Umständen sind einige Merkmale, die oft als Schwächen von kleinen Gemeinden wahrgenommen werden, tatsächlich Vorteile! Dies ist insbesondere der Fall, wenn man unter Menschen arbeitet, die sozial oder politisch benachteiligt sind. So sind kleine Gemeinden zum Beispiel mit Scheitern vertraut – und können besser mit Menschen mitfühlen, die in ihrem Leben gescheitert sind.

Es gibt keinen Ort auf der ganzen Welt, an den eine kleine Gemeinde nicht passen würde.

Ja, Sie haben richtig gelesen. Versagen kann wertvoll sein!

Vor einiger Zeit sah ich mir eine Lobpreisveranstaltung in einer großen Arena an – mit weltbekannten Musikern und Tausenden von Menschen, die mitsangen. In einem der Lieder ging es darum, wie herrlich das Leben in Gottes Gegenwart doch ist. Es war wunderschön. Aber plötzlich kam mir der Gedanke, dass es relativ leicht ist, in solch einem Setting von Herrlichkeit zu singen. Dasselbe Lied würde in einer kleinen Gemeinde in einem Armenviertel eine völlig andere Bedeutung bekommen.

Wenn in einer kleinen Gemeinde ein Pastor, der ein Gehalt bekommt, das einer kleinen Gemeinde entspricht (was oft bedeutet überhaupt kein Gehalt), mit seiner Gemeinde, die gleichermaßen am Kämpfen ist, dieses Lied singt, dann braucht es eine Art von Glauben, die nur Menschen kennen, die kämpfen müssen. Megagemeinden sind wunderbare Orte, um sich mit denen zu freuen, die sich freuen. Doch ich bin dankbar für jene tapferen Pastoren kleiner Gemeinden in Armenvierteln, die ihr Leben dafür geben, mit denen zu weinen, die weinen.

Die Gemeinde, die zu einer bestimmten Zeit gebraucht wird

Die Welt braucht ganz unterschiedliche Gemeinden. Große und kleine, Hausgemeinden und solche mit mehreren Örtlichkeiten, Gemeinden für bestimmte ethnische Gruppen und solche, in denen verschiedene ethnische Gruppen gemeinsam zusammenkommen. Pfingstgemeinden und Gemeinden mit einer Liturgie. Freie Gemeinden und solche, die einem Verband angehören.

So wie im Leib Christi Menschen mit verschiedenen Geistesgaben gebraucht werden, so brauchen wir auch Gemeinden mit verschiedenen Gaben und Aufträgen. Direkt nach einer gründlichen Erläuterung der Geistesgaben und unmittelbar vor der Betonung der überragenden Bedeutung der Liebe mahnt uns der Apostel Paulus, »nach den größeren Gaben zu streben«. (1. Korinther 12,31) Da es bei Paulus keine Hierarchie der Gaben zu geben scheint, wird die größere oder beste Gabe von vielen als diejenige verstanden, die zu einer bestimmten Zeit am meisten gebraucht wird. Predigen ist weniger wertvoll als geben, wenn jemand hungrig ist. Verwaltung ist von größerem Nutzen als Prophetie, wenn ein verantwortungsvoller Umgang mit den Finanzen nötig ist.

Viele halten eisern daran fest, dass die Gemeinde die Dinge so tun sollte, wie die Urgemeinde sie tat. Aus vier Gründen bin ich kein großer Fan von diesem Ansatz:

Erstens, nicht alles, was die Urgemeinde tat, war vollkommen. Jesus war vollkommen, aber die ersten Apostel waren es nicht. Sie waren sogar unterschiedlicher Meinung darüber, wie man Gemeinde bauen sollte. Darum wurde das Apostelkonzil in Jerusalem einberufen. Und die Entscheidung, die daraus hervorging, erscheint vielen Gelehrten wie ein Kompromiss.

Zweitens, wir wissen nicht so viel über die Struktur und die Zusammenkünfte der Urgemeinde, wie wir gerne wüssten oder wie wir meinen zu wissen. Vieles von dem, was wir »wissen«, ist Spekulation. Und Spekulation ist keine gute Grundlage.

So gibt es zum Beispiel diejenigen, die »wissen«, dass die Urgemeinde ausschließlich aus Hausgemeinden bestand. Auf der anderen Seite gibt es diejenigen, die mit derselben Sicherheit »wissen«, dass die Urgemeinde unmittelbar nach ihrer Geburt eine Megachurch wurde. Dieser Gedanke rührt natürlich daher, dass uns in Apostelgeschichte 2 berichtet wird, dass an Pfingsten 3.000 Menschen zur ersten Gemeinde hinzukamen. Peng! Auf einen Schlag eine Megachurch, oder?

Nicht unbedingt.

Am Pfingsttag waren mindestens 16 Nationen, Provinzen und/oder ethnische Gruppen in der Menge vertreten, die Petrus predigen hörte. Wenn wir Jerusalem als 17. Gruppe hinzunehmen, ergibt das einen Durchschnittswert von 180 Personen aus jeder Gegend. Vermutlich gingen die meisten von ihnen innerhalb weniger Tage in ihre Heimat zurück.

Wenn wir annehmen, dass die Jerusalemer Gruppe deutlich größer war als die anderen Gruppen, folgt daraus, dass die durchschnittliche Gruppengröße aus anderen Gegenden sogar noch kleiner war – vielleicht waren es bei einigen nicht mehr als die »zwei oder drei«, die Jesus einmal erwähnte. (Matthäus 18,20) Und während es möglich, ja sogar wahrscheinlich ist, dass die Jerusalemer Gemeinde mit über 1.000 Menschen begann, wissen wir nicht, wie diese später zusammenkamen – ob in Kleingruppen, in einer großen Versammlung oder in einer Kombination aus beidem. Also ist es gut möglich, dass das Verhältnis kleiner, mittelgroßer, großer und sehr großer Gemeinden auf der ganzen Welt zur Zeit der ersten Christen kaum anders war als heute.

Apostelgeschichte 2 beweist also gar nichts hinsichtlich der von Gott bevorzugten Gemeindegröße. Ich denke, es war seine Absicht, diese Frage offenzulassen. Hören wir auf damit, so zu tun, als wüssten wir Dinge, die wir überhaupt nicht sicher wissen.

Drittens, nicht alles, was die Urgemeinde tat, tat sie aus theologischen Gründen. Manches tat sie aufgrund kultureller Präferenzen oder praktischer Notwendigkeit. Zum Beispiel alles miteinander teilen. Während dies lobenswert war, war es weniger ein Befehl als eine Notwendigkeit, aus der Not der Verfolgung heraus geboren. Auf diese Art beschützten sie einander und verhinderten, dass ihr Besitz von den Römern in Beschlag genommen wurde. Hananias und Saphira starben nicht etwa durch die Hand des Heiligen Geistes, weil sie nicht den gesamten Erlös vom Verkauf ihres Ackers den Aposteln zur Verfügung gestellt hatten, sondern weil sie diesbezüglich gelogen hatten. Petrus sagte sogar ausdrücklich zu Hananias: »Hättest du den Acker nicht behalten können, als du ihn hattest? Und konntest du nicht auch, als er verkauft war, noch tun, was du wolltest?« (Apostelgeschichte 5,4)

Viertens und letztens gab es nicht nur *eine* neutestamentliche Gemeinde, sondern viele. Wenn jemand sagt: »Wir müssen unser Gemeindeleben an der ersten Gemeinde orientieren«, dann sollten wir fragen: »Welche meinst du denn?«. Die Gemeinde in Philadelphia war ganz anders als die in Laodizea, während die Christen in Jerusalem und in Korinth sich womöglich kaum gegenseitig als Christen identifiziert hätten.

Die meisten Briefe, die Paulus schrieb, waren an ganz bestimmte Gemeinden adressiert. Johannes schrieb das Buch der Offenbarung nicht an »die Gemeinde« als solche, sondern an sieben unterschiedliche Ortsgemeinden mit sieben verschiedenen Botschaften, die individuell auf die Größe, den geistlichen Zustand, die Geschichte, die Herausforderungen und Laster sowie den Dienst der jeweiligen Gemeinde zugeschnitten waren.

Innerhalb des Leibes Christi im ersten Jahrhundert gab es sowohl kleine als auch große Versammlungen.

Innerhalb des Leibes Christi im ersten Jahrhundert gab es sowohl kleine als auch große Versammlungen. Nichts, was die neutestamentliche Gemeinde tat, könnten wir heute in unseren kleinen Gemeinden nicht auch tun. Doch es gibt einige Dinge, zu denen wir als Leib Christi heute nicht in der Lage wären, wenn es nur Megagemeinden gäbe! So manche Art und Weise, wie wir mit Gott, miteinander und mit den Menschen in unserer Nachbarschaft in Beziehung treten, ist nur möglich, wenn die Gruppe klein ist.

In einer »flachen Welt« leben

Das Buch von Thomas L. Friedman, »Die Welt ist flach«, hatte einen großen Einfluss auf die Art und Weise, wie Politiker und Geschäftsleute die Welt sehen. In seinem Buch legte Friedman überzeugend dar, wie die Welt sich verändert hat: Während früher Institutionen und industrielle Strukturen so ausgelegt waren, dass Produkte und Dienstleistungen in einer »Einheitsgröße« für alle angeboten wurden, gibt es heute viele kleine, netzwerkbasierte Modelle, mit deren Hilfe ein Teenager mit einem Laptop irgendwo auf der Welt einen Trend starten kann, wenn er einen Service anbietet, den die Menschen überall je nach Bedarf personalisieren können.

Solch eine »flache Welt«, in der durch die Digitalisierung weltweit scheinbar gleiche Voraussetzungen geschaffen werden, ist der perfekte Nährboden für das Wirken des Heiligen Geistes durch ein Netzwerk lebendiger Gemeinden, seien sie groß oder klein. Wir brauchen keine großen Gebäude, hierarchische Strukturen und viel Geld, um unsere Arbeit zu tun.

Die meisten großen Gemeinden und viele Denominationen sind allerdings noch nach dem überkommenen hierarchischen System aufgebaut, innerhalb dessen Dienstleistungen und »Güter« vielen Menschen von zentraler Stelle aus zur Verfügung gestellt werden. Der Bestsellerautor und christliche Berater John Eldredge mahnte an, dass wir einfach die neuesten Marketingstatistiken und die jüngsten Trends im Geschäftsmanagement auf den geistlichen Dienst übertragen mit dem Ergebnis, dass dadurch jede echte Begegnung mit Gott behindert wird.

Heutzutage können wir jede noch so kleine Nische bedienen – ohne jede hierarchische Bürokratie. Es scheint, die Welt ist mehr als je zuvor bereit für den Einfluss des Reiches Gottes durch viele kleine Gemeinden, die kaum oder gar nicht durch eine Denomination miteinander verbunden sind, aber zusammen die Welt verändern.

Die Zeiten, in denen die Kirche am stärksten gewachsen ist und den reinsten Glauben hatte, waren jene, in denen kleine Gemeinden, die durch informelle Netzwerke miteinander verbunden waren, die Landschaft dominierten. Es gab nur wenige große Gemeinden – sei es in der frühen Kirche, in der ersten Zeit der Pfingstbewegung oder heute in China oder Lateinamerika. Die positiven geistlichen Auswirkungen der kleinen Gemeinden waren und sind enorm.

Andersherum waren die Zeiten, in denen die Gemeinde geistlich am schwächsten und moralisch und politisch am korruptesten war, jene, in denen hierarchische Strukturen, Megagemeinden und starker Konfessionalismus vorherrschend waren.

Natürlich ist es nicht so, dass eine Form aus sich heraus mehr oder weniger korrupt wäre als eine andere. Schließlich gibt es korrupte kleine Gemeinden und viele gesunde, demütige große Gemeinden. Doch Erfolg, Institutionalismus und Reichtum, nicht Scheitern und Armut, sind schon immer die Faktoren gewesen, die den Leib Christi am stärksten zur Korruption verleitet haben. Und das wird wohl auch in Zukunft so sein.

Gesegnet sind die Uncoolen

Der Autor und Redner Donald Miller hat eine unnachahmliche Art, die Welt und den christlichen Glauben zu betrachten. Ein Grund für seine einzigartige Sichtweise ist, dass er überhaupt nichts Institutionalisiertes mag.

In seinem skurrilen erfolgreichen Buch »Blue like Jazz« betrachtete er einige seiner Erfahrungen mit Gott und der Gemeinde und kam zu dem Schluss, dass er kein Fan von Menschen ist, die den christlichen Glauben als etwas Cooles darstellen.

Mir geht es genauso.

»Cool« wird ganz klar überbewertet.

Ich würde lieber meine Zeit mit uncoolen Menschen in einem stecken gebliebenen Aufzug verbringen, die wissen, dass sie uncool sind, als in einem luxuriösen Einkaufszentrum mit fantastisch aussehenden Menschen, die versuchen, cooler als die anderen zu sein.

Kleine Gemeinden sind selten glatt, durchgestylt, institutionell oder cool.

Das ist einer der Gründe, weshalb ich und viele andere kleine Gemeinden mögen. Kleine Gemeinden sind selten glatt, durchgestylt, institutionell oder cool. Das ist vielleicht eine ihrer coolsten Eigenschaften!

KAPITEL 12

PHASEN IM EMOTIONALEN LEBEN EINES PASTORS EINER KLEINEN GEMEINDE

Die Psychiaterin und Sterbeforscherin Dr. Elisabeth Kübler-Ross machte der Welt ein großartiges Geschenk, als sie in den Sechzigerjahren »On Death and Dying« (deutscher Titel: »Interviews mit Sterbenden«) schrieb. Ihr Buch hilft uns, das Erleben und Verhalten sterbender Menschen anhand eines Phasenmodells zu verstehen.

Die von Kübler-Ross benannten fünf Phasen sind: Nicht-wahrhaben-Wollen und Isolation (denial), gefolgt von Zorn (anger), Verhandeln (bargaining), Depression und Trauer (depression and grief) sowie Akzeptanz (acceptance).

Ihre Beschreibung der verschiedenen Trauerphasen lässt sich auch auf andere Bereiche übertragen.

So bin ich zum Beispiel zu der Überzeugung gelangt, dass die meisten Pastoren kleiner Gemeinden ebenfalls durch bestimmte emotionale Phasen gehen, die den gerade genannten ähneln. Am Schluss erleiden sie entweder einen Burn-out und scheiden aus dem Dienst aus oder sie überwinden diese Mauer und gelangen auf die andere Seite – hin zu Effektivität und Erfüllung im Dienst.

Die Phasen, die ich im Folgenden beschreiben werde, sind nicht das Ergebnis einer wissenschaftlichen Studie. Sie basieren auf Beobachtung und Anteilnahme am Leben anderer Pastoren kleiner Gemeinden und natürlich auf meiner eigenen Erfahrung. Ich möchte damit Diskussionen anregen, ermutigen und möglicherweise auch einen Weg aufzeigen, wie man Gottes Gnade und Heilung finden kann.

Phase 1: Idealismus und Unschuld

Ein junger Mensch absolviert ein theologisches Seminar oder ein Gemeindepraktikum und ist bereit, ein Leben im vollzeitlichen Dienst zu beginnen. Alles ist frisch und neu in dieser Zeit der »ersten Liebe«. Die Welt ist ein weißes Blatt Papier, mit nichts anderem beschrieben als mit vielen wundervollen Möglichkeiten.

Ich liebe es, mit jungen Pastoren zusammen zu sein, die sich in dieser Phase befinden, voller Idealismus und Naivität.

Der junge Pastor beginnt seine neue Rolle mit dem Glauben und dem Elan, die er haben sollte. Egal, ob er mit einem kleinen Team eine Gemeindegründungsarbeit beginnt oder Pastor in einer bereits bestehenden Gemeinde mit einer komplizierten Geschichte wird – er glaubt, dass selbst das schwierigste Umfeld mit dem Evangelium erreicht werden, dass die ausgefallenste Idee funktionieren und dass eine Gemeinde voller alteingesessener Senioren in einer gesunden Weise wachsen kann. Er muss nur hart arbeiten, Gott und die Menschen lieben, der Bibel treu bleiben und beten. Ausgerüstet mit dieser Art von Idealismus beginnt er seinen vollzeitlichen Dienst.

Phase 2: Vertrauen und Begeisterung

Ein paar Jahre gehen ins Land und nach einer Flitterwochenzeit mit verheißungsvollem Wachstum bleibt der Gottesdienstbesuch auf einer Stufe stehen. In letzter Zeit gab es einige Vorstandssitzungen, in denen sich manche Mitglieder überraschenderweise nicht sehr christusähnlich verhalten haben. Eine Handvoll Menschen, auf die der junge Pastor bisher am meisten zählen konnte, haben die Gemeinde verlassen, manche von ihnen haben dies vage damit begründet, dass sie »keine geistliche Nahrung erhielten«. Andere sind einfach weggeblieben, ohne sich zu verabschieden. Der immer noch idealistische junge Pastor beginnt zu realisieren, dass es mehr braucht als harte Arbeit und Gottes Wort, um eine gesunde Gemeinde zu bauen. Also wendet er sich an Experten seines Vertrauens. Er liest ihre Bücher, besucht ihre Konferenzen und sucht sich vielleicht auch einen persönlichen Mentor.

Man versichert ihm, dass Gemeindewachstum nicht nur möglich, sondern geradezu eine unausweichliche Folge sei, wenn er bestimmte Prinzipien befolge und einige Fehler korrigiere. Er glaubt, was man ihm sagt, denn er sieht die sichtbaren Ergebnisse in den Gemeinden dieser Pastoren.

Der Pastor ist von Neuem begeistert – diesmal von der Vorstellung, diese Methoden in seiner eigenen Gemeinde auszuprobieren.

Phase 3: Frustration und Desillusionierung

Ein paar Jahre vergehen, in denen er verschiedene Gemeindewachstumsstrategien ausprobiert. Die meisten von ihnen beinhalten etwas, das zu helfen scheint, aber keine von ihnen bewirkt das in seiner Gemeinde, was sie in anderen bewirkt hat. Doch er gibt nicht auf. Er weiß, dass Gott ihn zu jener Strategie führen wird, die bei ihm und seiner Gemeinde funktioniert. Er braucht nur genug Glauben.

Die Gemeindemitglieder wollen, dass ihre Gemeinde wächst, und sie möchten ihren Pastor unterstützen, also investieren sie in die neue Strategie – emotional und finanziell. Als diese versagt, akzeptieren sie eine neue und vielleicht sogar noch eine weitere Strategie. Aber sie beginnen, frustriert zu sein, ehe ihr Pastor es ist. Einige bringen ihre Verwirrung zum Ausdruck, indem sie den Pastor fragen: »Warum gehst du immer auf diese Konferenzen und liest diese Bücher? Warum leben wir Gemeinde nicht einfach so, wie es in der Bibel steht?« Für den Pastor klingt das inzwischen sehr naiv. Er ist mehr als je zuvor überzeugt, dass für Gemeindewachstum eine ganz bestimmte »Zutat« nötig ist, die er noch nicht gefunden hat.

Schließlich gesteht er sich selbst ein, dass das Problem größer ist und nicht mit einer neuen Strategie behoben werden kann. *Vielleicht ist dies gar nicht die Gemeinde, in der ich sein sollte?*, fragt er sich. Wenn diese Gefühle andauern, könnte seine Entmutigung dazu führen, dass er kündigt und sich eine neue Gemeinde sucht. Doch an einem anderen Ort beginnt der Kreislauf von Neuem.

Die Desillusionierung beginnt und er fragt sich, ob vielleicht auf einer noch tieferen Ebene etwas nicht stimmt. Zum ersten Mal denkt der inzwischen nicht mehr ganz so junge Pastor darüber nach, ob er Gottes Willen für sein Leben missverstanden hat. Vielleicht hat Gott ihn gar nicht in den pastoralen Dienst berufen …

Er schaut sich um und bemerkt, dass viele andere Männer seines Jahrgangs sichtbar erfolgreich sind – sowohl innerhalb als auch außerhalb des vollzeitlichen Dienstes. *Das sollte ich sein …*, klagt er stumm.

Phase 4: Zorn und Einsamkeit

Wieder verlassen einige Mitglieder die Gemeinde. Der erschöpfte und innerlich abgestumpfte Pastor wird nun wütend. *Gut, dann sind die eben auch weg,* denkt er und sagt es fast sogar laut.

Er liest immer noch das eine oder andere Buch über Gemeindewachstum und besucht die vertrauten Konferenzen, aber er tut es mehr aus Gewohnheit, weniger mit echten Erwartungen. Er meidet die Pastorentreffen, zu denen er früher so gern ging, weil er nicht über seine Gemeinde sprechen möchte. Dann passiert es ihm eines Tages, dass er einen anderen Pastor anlügt, als dieser ihn fragt, wie es seiner Gemeinde gehe. Er erzählt seinem Kollegen, dass seine Gemeinde erfolgreich in einem ganz bestimmten Dienstbereich sei, obwohl dieser schon seit einem Jahr nicht mehr existiert, und lässt ihn glauben, seine Gemeinde sei doppelt so groß, wie sie tatsächlich ist. Er kann es einfach nicht mehr ertragen, wieder mitleidig angesehen zu werden und ermutigend gemeinte Sätze zu hören wie: »Keine Sorge, Gott hat alles unter Kontrolle! Der Wendepunkt wird kommen. Ich bete für dich.«

Wenn er Geschichten darüber hört, wie andere Gemeinden wachsen, ist er nicht mehr ermutigt oder berührt davon, wie das Evangelium Menschenleben verändert. Er ist neidisch, dass dies nicht in seiner Gemeinde geschieht. Die Erfolgsgeschichten anderer Gemeinden führen dazu, dass seine Frustration, sein Zorn und seine Depression umso tiefer werden.

An diesem Punkt sucht er vielleicht Hilfe bei einem anderen Pastor oder einem Leiter in seiner Denomination. Diese Person hört mitfühlend zu, verspricht ihm, für ihn zu beten, und meint: »Ruf mich an, wenn ich dir helfen kann.« Nach diesem ersten Treffen hört er nie wieder von ihr.

Er ist einsam, bitter und wütend.

Phase 5: Burn-out und Resignation

Jahre vergeblicher Bemühungen fordern nun ihren Tribut – in der Gemeinde und zu Hause. Sein Gebetsleben existiert nicht mehr, das Geld wird knapp, er streitet ständig mit seiner Frau und schreit seine Kinder öfter an als früher. Sie hatten als Familie seit Jahren keinen Urlaub. Getrieben von Schuldgefühlen statt wie früher von Leidenschaft für den Dienst, gesteht er sich noch nicht einmal ein freies Wochenende zu.

Alte Versuchungen, an die er seit Jahren nicht gedacht hat, beginnen an ihm zu zerren. Anfangs subtil. Es ist nichts falsch an einem Bier oder zwei, um sich zu entspannen, oder mal eine hübsche Frau im Internet zu betrachten, sagt er sich. Es löst einfach den Druck, das ist alles.

Als die Finanzen knapp werden, greift er vielleicht auf das Gemeindekonto zurück, um seine Rechnungen zu bezahlen – in dem Wissen, dass er alles zurückzahlen wird, wenn das nächste Gehalt kommt. Eigentlich ist es nur ein Vorverlegen des Zahltags. Nachdem er das zum ersten Mal getan hat, ist es leichter, es beim nächsten Mal zu tun. Er greift häufiger auf die Gemeindegelder zurück, ändert auch die eine oder andere Zahl im Haushaltsbuch, um dies zu verstecken, bis er das Geld zurückzahlen kann. Diese Verhaltensweisen führen dazu, dass er vieles, was er tut, verheimlicht – was wiederum sein Gefühl sozialer Isoliertheit verstärkt.

Bald schon schleicht er sich tagsüber heimlich aus dem Büro, um zu trinken, zu spielen oder sich mit einer Frau zu treffen, die ebenso einsam ist wie er und ihm mehr Mitgefühl entgegenbringt als seine entmutigte, viel beschäftigte Frau. Er benutzt sogar seine Position vermeintlicher moralischer Überlegenheit, um ihr zu sagen, dass das, was sie tun, in Gottes Augen gut ist.

Falls Sie meinen, dieses Szenario sei etwas übertrieben, muss ich

Ihnen sagen: Leider ist es das nicht. Als ich selbst mit Aggressionen und Depressionen kämpfte, rief ich bei einer kostenlosen Seelsorgenummer unserer Denomination an. Das Erste, was der Telefonseelsorger tat, war, mir 20 Fragen zu stellen, unter anderem: »Trinken Sie viel? Schauen Sie Pornografie? Spielen Sie? Nehmen Sie Drogen? Schlafen Sie mit anderen Frauen? Mit anderen Männern? Haben Sie Geld von Ihrer Gemeinde gestohlen?«

Als ich ehrlicherweise alle Fragen mit Nein beantwortet hatte, fragte er mich: »Warum rufen Sie dann an?«

»Weil ich Hilfe brauche«, sagte ich. »Ich bin emotional am Ende. Ich fürchte, wenn ich nicht bald Hilfe bekomme, könnte eins dieser Dinge der nächste Schritt sein.« Er versicherte mir, dass alles in Ordnung kommen würde, wenn ich die Hilfe bekäme, die ich bräuchte. Ich fragte, warum er sich da so sicher sei. Er antwortete, ich sei der erste Pastor, der ihn anrief, der nicht auf mindestens eine dieser Fragen mit Ja geantwortet hätte.

Dies ist das Stadium, in dem Pastoren oftmals aus dem Dienst ausscheiden. Aus einem oder mehreren Gründen. Manche werden bei ihren Verfehlungen von ihrer Gemeinde überführt oder von ihrer Frau ertappt. Andere gehen einfach und finden Arbeit im außerkirchlichen Bereich. Manche werden von ihrer Gemeinde gefeuert, weil sie ihre Arbeit nicht gut machen. Andere brennen mit einer anderen Frau durch – oder mit einem anderen Mann. Von denen, die in ihrer Gemeinde bleiben, tun viele das allein aus finanzieller Notwendigkeit. Sie finden keine andere Gemeinde, die sie anstellen würde, und sie haben nicht die Fähigkeiten, die sie für eine säkulare Arbeit bräuchten. Wenn das geschieht, kann es sein, dass der Pastor und seine Gemeinde jahrelang so tun, als ob alles in Ordnung wäre. Er findet sich damit ab, dass der Dienst mehr schlecht als recht läuft. Innere Trägheit setzt ein. Oft ist das der Punkt, an dem andere Menschen die kleine Gemeinde betrachten, deren Pastor offensichtlich aufgegeben hat, und sagen: »Typisch! Kein Wunder, dass diese Gemeinde so klein ist. Er versucht es ja noch nicht einmal.«

Aber die Gründe sind nie so einfach, wie sie scheinen.

Phase 6: Neudefinierung und Zufriedenheit

Da er nichts mehr zu verlieren hat und sich nirgendwo sonst hinwenden kann, hat der Pastor die Möglichkeit, diese Entwicklung zu stoppen und eine Kehrtwende zu machen. Zwei Dinge sind notwendig, um aus dieser Abwärtsspirale herauszukommen: ehrlich zu sein zu sich selbst und zu denen, die ihn lieben, und um Hilfe zu bitten.

Wenn er die vorangehende Phase erreicht hat, ohne sich selbst und anderen zu viel Schaden zuzufügen (einschließlich seiner emotionalen und geistlichen Gesundheit sowie seinem Dienst), kann er innerhalb von zwei bis drei Jahren wieder gesund werden. Wenn die Verfehlungen und der daraus entstandene Schaden gravierend sind, wird die Wiederherstellung viel länger dauern und wird auch nicht ohne erhebliche Verluste und Schmerzen zustande kommen. In schlimmen Fällen kann es sein, dass jemand nie mehr in den vollzeitlichen Dienst gehen kann.

Der Pastor, der endlich bereit ist, regelmäßige bibelorientierte Hilfe durch einen Seelsorger oder Mentor in Anspruch zu nehmen und gegebenenfalls auch therapeutische Angebote zu suchen, kann mit der Kehrtwende beginnen. Sie beinhaltet immer eine Neudefinierung dessen, was es bedeutet, einen erfolgreichen Dienst zu tun. Es ist schwer, die alten Konzepte loszulassen, doch wenn er sie endlich aufgibt, erkennt er sie als die Bürde, die sie tatsächlich waren.

Dann entdeckt er überraschenderweise, dass seine neue Definition von Erfolg einer sehr alten Definition von Erfolg sehr nahekommt.

Er lernt, sich keine Sorgen darüber zu machen, wie viele freie Sitzplätze im Gottesdienst sind, sondern die Menschen zu lieben, die da sind – und zwar nicht nur aufgrund seiner Arbeitsbeschreibung. Er wird sehr dankbar ihnen und Gott gegenüber, dass sich die Tür zum geistlichen Dienst nicht für immer geschlossen hat. Die Gemeinde reagiert auf seine neue, hoffnungsvolle Einstellung und der Pastor fühlt sich weniger allein. Zusammen beginnen sie eine neue Leidenschaft dafür zu entwickeln, denen Gottes Liebe zu zeigen, die nicht in ihre Gemeinde gehen. Bald kommen wieder einige neue Gesichter. Bitterkeit und Zorn verschwinden nicht über Nacht und einige Menschen verlassen immer noch die Gemeinde mit denselben altbekannten

Entschuldigungen, aber es löst nicht mehr wie früher den Schmerz persönlichen Versagens aus. Da Schuldgefühle nun nicht mehr die Hauptmotivation des Pastors sind, fängt er an, gelegentlich mit seiner Familie übers Wochenende wegzufahren. Die Gemeinde kommt gut mit seiner Abwesenheit zurecht, und anstatt sich dadurch bedroht zu fühlen, ist er erleichtert. Die Beziehung zu seiner Frau wieder in Ordnung zu bringen, ist nicht leicht, aber mit Gebet, Unterstützung und harter Arbeit zeigen sich auch in diesem Bereich Fortschritte.

Nach ein paar Jahren in diesem neuen Stadium seines Lebens bemerkt er etwas, das er lange Zeit nicht gefühlt hat. Er ist tatsächlich glücklich! Er ist zufrieden mit dem, wer er ist. Er hat entdeckt, wozu er im Leib Christi berufen ist, indem er das aufgegeben hat, wozu er nicht berufen ist.

Die Freude ist größer und die Last leichter.

Phase 7: Erfüllung und Effektivität

Er fühlt sich wie neugeboren. Seine erste Liebe ist neu erweckt.

Er wird nie wieder jener idealistische junge Pastor sein, aber er lebt endlich seine wahren tieferen Ideale aus. Das Werk des Dienstes ist weniger von Stress geprägt, dafür mehr von Freude und Erfüllung. Infolgedessen ist er effektiver in dem, was er tut. Er ist sogar bereit, Neues auszuprobieren und seinen Dienst auf eine frische, innovative Weise zu tun. Nicht, um mit Trends mitzuhalten, sondern einfach deshalb, weil er seine Arbeit so gut wie möglich tun möchte und das auch innovatives Denken erfordert.

Er braucht die Dinge nicht mehr, von denen er früher glaubte, nicht ohne sie auskommen zu können. Mehr Gottesdienstbesucher, die Anerkennung von Kollegen und der Ruf, ein Trendsetter zu sein, sind nicht länger in seinem Fokus. Stattdessen entdeckt er neue Tiefen in der Beziehung zu Gott und in seinem Wort und neue Freude in echten Freundschaften. Er lernt seine kirchendistanzierten Nachbarn kennen – nicht aus Pflichtgefühl, sondern aus dem aufrichtigen Wunsch heraus, mit ihnen in Kontakt zu sein und sie zu lieben.

Bald fühlen sich Menschen in der Gemeinde und andere, von denen er nie dachte, dass sie Interesse an geistlichen Fragen haben, von ihm angezogen. Mehr in persönlichen Begegnungen als in organisierten Gruppen. Er strahlt etwas aus, was anderen das Gefühl vermittelt, dass er aufrichtig an ihnen interessiert ist. Sie benutzen Ausdrücke wie »echt« und »zugänglich«, wenn sie von ihm sprechen. Er verbringt mehr Zeit damit, mit anderen eine Tasse Kaffee zu trinken, und weniger Zeit damit, Konferenzen und Seminare zu besuchen.

Dann betritt eines Tages ein junges Paar mit weit geöffneten Augen seine Gemeinde. Sie haben sich verlobt, während sie ein theologisches Seminar in der Nähe besuchten. Nun, nach dem Abschluss ihrer Ausbildung, möchten sie in den vollzeitlichen Dienst gehen. Sie möchten lernen und helfen und haben gehört, dass dies vielleicht ein guter Ort ist, um ihre akademische Ausbildung mit praktischem Training zu ergänzen und in einem sicheren Umfeld neue Ideen auszuprobieren. Der Pastor lächelt und bittet das Paar in sein Büro. Als sie auf seinem Sofa sitzen, sprühen ihre Augen vor Erwartung und Begeisterung. Er setzt sich ihnen gegenüber und freut sich bereits auf die Zusammenarbeit mit ihnen. Er liebt den Idealismus und Elan, den sie ausstrahlen.

KAPITEL 13

WAS WÜNSCHEN SICH PASTOREN KLEINER GEMEINDEN UND WAS BRAUCHEN SIE?

Die Grabenkämpfe zwischen kleinen Gemeinden und großen Gemeinden sind lange genug ausgetragen worden. Es ist Zeit für einen Waffenstillstand.

Wir sind keine Feinde. Wir sollten noch nicht einmal Konkurrenten sein. Deshalb müssen wir damit aufhören, uns so zu verhalten, als seien wir es.

Wenn Sie Pastor einer großen Gemeinde sind, müssen Sie wissen, dass Pastoren kleiner Gemeinden Ihre Hilfe brauchen. Aber wir sind kein Fall für die Wohlfahrt. *Sie* brauchen auch *unsere* Hilfe.

So gern würden wir Pastoren kleiner Gemeinden mehr sichtbare Zeichen der Wertschätzung von unseren Kollegen sehen, die uns vermitteln, dass wir wichtig sind. Für Gott. Für unseren Stadtteil. Für den Leib Jesu weltweit. Für unseren Gemeindeverband, unsere Kirche, unsere Denomination. Und für das Reich Gottes.

Es gibt drei einfache Möglichkeiten, uns wissen zu lassen, dass wir am selben Strang ziehen:

Nummer 1: Die Größe der Aufgabe ehrlich einschätzen

Ich sehe zwei gegensätzliche, aber gleichermaßen problematische Theorien, wie Megachurch-Pastoren und Gemeindewachstumsexperten erklären, wie man eine große Gemeinde baut oder wie sie ihre eigene gebaut haben.

Ich nenne die erste den »Ich habe keine Ahnung, wie es passiert ist«-Ansatz und die zweite den »So und so geht es«-Ansatz. Beide Theorien haben gemeinsam, dass sie den Anschein erwecken, Gemeindewachstum sei einfacher, als es tatsächlich ist.

Der »Ich habe keine Ahnung, wie es passiert ist«-Ansatz beinhaltet die Neigung herunterzuspielen, wie viel harte Arbeit und spezifische Fähigkeiten nötig sind, um eine große Gemeinde zu bauen. Ich denke, Rob Bell hat dies ungewollt in seinem Buch »Velvit Elvis« getan. Nach seiner Darstellung dachten sie, als sie die Gemeinde gründeten: *Wenn 13 Leute dazukommen und es nie mehr werden, ist das in Ordnung.* Und ich bezweifle nicht, dass er das wirklich so meinte. Dann kam der erste Sonntag und ... über 1.000 Menschen waren da! Innerhalb von einem oder zwei Monaten wurden es über 2.000 und nach sechs Monaten waren es über 4.000.

4.000 neue Gottesdienstbesucher in sechs Monaten ist ein erstaunliches, überwältigendes und nahezu beispielloses Wachstum. Doch jeder Pastor, der Bells Geschichte liest, weiß, dass solch ein explosives Wachstum nicht so leicht passiert – oder so überraschend. Irgendetwas wurde bei der Geschichte ausgelassen.

Als am ersten Sonntag 1.000 Menschen kamen, wird beispielsweise nicht erwähnt, dass irgendjemand weggeschickt werden musste. Wenn man 13 Personen erwartet, warum würde man Räumlichkeiten mieten, in denen über 1.000 Personen Platz finden? Irgendjemand hat irgendetwas erwartet. Und sie waren darauf vorbereitet. Ich bin froh, dass sie es waren.

Megachurch-Pastoren, ich weiß, dass ihr versucht, demütig zu sein. Aber es hilft uns Pastoren kleiner Gemeinden nicht, wenn wir in euren Berichten hören, dass eure Gemeinde quasi über Nacht gewachsen ist, weil ihr euch einfach darauf konzentriert habt, über Jesus zu lehren und so zu leben wie er. Das tun wir auch! Aber dadurch werden unsere Gemeinden nicht größer. Deshalb müsst ihr außerdem noch etwas anderes tun.

Seid uns gegenüber transparent. Erzählt uns von eurer harten Arbeit, von euren besonderen Begabungen, von den 300 Spendern aus eurer Muttergemeinde. Von den Teammitgliedern, die in den Bereichen Stärken haben, in denen ihr schwach seid. Von dem bereits vorhandenen Publikum aus euren Tagen als ortsansässige Band.

Die Kombination von Fähigkeiten, Gaben, Umständen, Weisheit, Arbeit, Salbung, Berufung und Gottes Timing, die nötig ist, um eine große oder sehr große Gemeinde zu bauen, ist gigantisch. Und das ist zumindest *ein* Grund, warum es so wenige große und so viele kleine Gemeinden gibt.

Der zweite Ansatz, den Megachurch-Pastoren benutzen, lautet: »So und so geht es.« Anstatt das erforderliche breite Gabenspektrum herunterzuspielen, übertreibt diese Methode die Wahrscheinlichkeit, dass jede beliebige Person eine große Gemeinde aufbauen kann, wenn sie nur bestimmten Richtlinien folgt.

Also lesen wir die Bücher, besuchen die Seminare und fahren wieder nach Hause, begeistert von dem erwarteten Gemeindewachstum, das jetzt auch bei uns stattfinden wird. Und wenn das »Unausweichliche« nicht geschieht, sind wir entmutigter als je zuvor. Dann fragen wir uns: Wenn diese Methode bei dem Pastor funktioniert hat, der sie gelehrt hat, und auch bei allen anderen Pastoren, die auf der Bühne von ihren Gemeinden berichtet haben, was stimmt dann nicht mit mir?

Die Antwort? Wahrscheinlich stimmt alles mit mir!

Mein Vater war 45 Jahre lang Pastor, vor allem in mittelgroßen bis großen Gemeinden. Seine Antwort auf das »Was bei dir funktioniert, funktioniert bei mir nicht«-Syndrom lautet: »Gott verkauft keine Lizenzen.« Anders gesagt: Gemeinde ist nicht wie McDonald's. Man kann nicht einfach dasselbe System von einem Ort auf den anderen übertragen.

Nichts kann eine Gemeinde, deren Berufung es ist, eine kleine Gemeinde zu sein, in eine Megachurch verwandeln.

Gott hat die lästige Angewohnheit, die Dinge auf seine Art zu tun, nicht auf unsere. Während seine Prinzipien sich nie ändern, sind seine Methoden und Ergebnisse an jedem Ort, in jeder Gemeinde und bei jedem Pastor anders.

Es gibt keine Einheitslösung für wachsende Gemeinden.

Wenn Megachurch-Pastoren und Gemeindewachstumsreferenten andeuten, dass Gemeindebau entweder so einfach ist, dass jeder es kann, oder so geheimnisvoll, dass sie selbst nicht wissen, wie es passiert ist, dann lassen sie uns im Dunkeln.

Eine Megachurch aufzubauen, ist harte Arbeit. Das dafür nötige breite Gabenspektrum ist extrem selten. Alle Bücher und Seminare der Welt werden die Gaben eines Menschen nicht verändern. Weder viele Gebete, noch große Leidenschaft, hervorragende Planung oder tiefgehende Bibelauslegung werden eine Gemeinde, deren Berufung es ist, eine kleine Gemeinde zu sein, in eine Megachurch verwandeln. Oder den Pastor einer kleinen Gemeinde in einen Megachurch-Pionier.

Megachurch-Pastoren, wenn ihr uns eure Geschichten erzählt, sagt uns, wie die Gemeinde wirklich gewachsen ist – einschließlich jener übernatürlichen Momente, die nur auf Gottes Wirken zurückzuführen sind. Wenn ihr wisst, wie sich manche Dinge entwickelt haben, sagt es uns. Wenn euch andere Dinge völlig überrascht haben, sagt es uns auch. Wenn wir die Einzigartigkeit jeder Situation erkennen, können wir zumindest anfangen, uns einzugestehen, dass Megachurch-Wachstum nicht für jede Gemeinde gedacht ist.

Ein Megawachstum hat es immer nur für einen sehr kleinen Prozentsatz von Gemeinden und Pastoren gegeben. Können wir alle das einfach zugeben und uns damit zufriedengeben?

Nummer 2: Unsere Kämpfe eingestehen

Während keine zwei Gemeinden gleich sind – auch nicht zwei kleine Gemeinden –, gibt es doch einige Herausforderungen, mit denen die meisten kleinen Gemeinden zu kämpfen haben und ich höre selten, dass sie angesprochen werden. Hier nenne ich nur zwei von ihnen:

Unterrepräsentation

Pastoren kleiner Gemeinden neigen dazu, allein zu kämpfen. Viele von uns können es sich nicht leisten, Konferenzen zu besuchen, um Neues zu lernen und die Ermutigung von Kollegen zu erhalten. Viele Denominationen bieten Pastoren kleiner Gemeinden, die solche Konferenzen brauchen, etwas Unterstützung an, aber manche tun das nicht. Deshalb sind kleine Gemeinden auf solchen Konferenzen unterrepräsentiert und große Gemeinden überrepräsentiert.

Das war eine der Thesen in »Outliers« (auf Deutsch unter dem Titel »Überflieger: Warum manche Menschen erfolgreich sind« erschienen), einem Buch des Bestsellerautors Malcolm Gladwell. Darin erwähnt der Autor eine gut dokumentierte Studie, die zeigt, dass Kinder, die im Januar geboren werden, durchschnittlich bessere Ergebnisse in der Schule und im Sport erzielen als Kinder, die später im Jahr geboren werden. Der Grund dafür ist seiner Meinung nach, dass Kinder, die im Januar geboren werden – also gerade nach dem Stichtag für die Einschulung –, ein Jahr älter sind als die Kinder, die kurz vor dem Stichtag geboren werden. Deshalb sind sie den jüngeren Kindern körperlich und mental ein ganzes Jahr voraus. Die Januarkinder sind nicht von Natur aus intelligenter und sportlicher als Kinder, die im November oder Dezember geboren werden. Sie sind einfach ein Jahr älter. In der Grundschule ist ein Jahr viel.

Das Schulsystem erkennt das nicht. Also gelten die Januarkinder als begabter, während die Dezemberkinder als schwächer angesehen werden. Wenn solche Kategorien erst einmal etabliert sind, ist es schwer, sie zu durchbrechen. Die begabten Kinder werden in Klassen für Fortgeschrittene eingeteilt. Dadurch wird ihre Ausbildung zusätzlich gefördert und der Abstand zu den Dezemberkindern wird noch größer.

Die körperlich größeren Januarkinder werden in bessere Sportteams aufgenommen – zuerst in der Grundschule, dann in der Highschool, dann auf dem College. Und deshalb gibt es, wie Gladwells Buch zeigt, im Profisport einen ungewöhnlich hohen Prozentsatz von Athleten, die im Januar, Februar oder März geboren wurden, und nur sehr wenige, die im Dezember Geburtstag haben.

Interessanterweise nennt Gladwell dieses Phänomen den »Matthäuseffekt«. Er bezieht sich damit auf Jesu Worte in Matthäus 25,29: »Denn wer hat, dem wird gegeben werden und er wird im Überfluss haben; wer aber nicht hat, dem wird auch noch weggenommen, was er hat.«

Der Matthäuseffekt kann auch in Gemeinden zum Tragen kommen. Wenn Ihre Gemeinde erst einmal als »klein« gilt in einer Gemeindekultur, die »klein« als Problem ansieht, ist es schwer, sich davon frei zu machen. Deshalb gilt: Je länger eine Gemeinde klein ist, desto größer ist die Wahrscheinlichkeit, dass sie auch klein bleibt. Pastorenkonferenzen sprechen automatisch eher Pastoren größerer Gemeinden an, weil diese sich die Teilnahmegebühren leisten können und außerdem einen Vollzeitjob in ihrer Gemeinde haben und sich nicht an einer anderen, säkularen Arbeitsstelle freinehmen müssen. Pastoren kleiner Gemeinden leiden unter dem Matthäuseffekt. Sie stellen fest, dass sie von Anfang an »ein Jahr zurück« sind und wahrscheinlich auch bleiben werden.

Pastoren, die noch eine andere Arbeitsstelle haben, können selten an Konferenzen teilnehmen oder sich tagsüber mit Pastorenkollegen treffen, um sich bei einer Tasse Kaffee auszutauschen. Unter der Woche arbeiten sie, am Wochenende sind sie in der Gemeinde. Selbst wenn jemand die komplette Teilnahmegebühr einer Konferenz für sie bezahlen würde, könnten sie es sich nicht leisten, sich mehrere Tage freizunehmen sowie die Reisekosten, Unterkunft und Verpflegung aufzubringen. Die Konferenz verbraucht ihre Urlaubstage und verkürzt die Zeit, die sie mit ihrer Familie verbringen können.

Das Bedürfnis nach Ruhe

Als ich einen Burn-out hatte und eine Pause brauchte, war ich Pastor einer Gemeinde, die so liebevoll und stabil war, dass sie mir 40 Tage freigab, um mich auszuruhen und zu erholen – was dringend nötig war.

Wenn ich anderen Pastoren erzähle, dass ich mich 40 Tage lang nicht um die Gemeinde gekümmert habe, ernte ich für gewöhnlich eine von zwei Reaktionen – beide beruhen auf Angst:

Nummer eins: »Das könnte ich nicht! Die Gemeinde würde den Bach runtergehen, wenn ich 40 Tage lang weg wäre!«

Nummer zwei: »Das könnte ich nicht! Was, wenn sie merken, dass sie mich gar nicht brauchen?«

Aber – es sind doch letzten Endes nur 40 Tage! Sind die meisten Gemeinden tatsächlich nur 40 Tage von dem Schritt entfernt, kaputtzugehen oder ihren Pastor zu ersetzen?

Dann besuche ich Pastorenseminare und höre, wie wichtig es für

Pastoren ist, sich jedes Jahr für mehrere Wochen aus der Gemeinde herauszuziehen und mindestens alle fünf Jahre eine mehrmonatige Sabbatzeit zu nehmen. Ich stimme dem zu, insbesondere nach meiner Burn-out-Erfahrung. Solche Pausenzeiten sind wichtig für die Effektivität und Langlebigkeit des Dienstes.

Es gibt Megachurch-Pastoren, die sagen, ihr Erfolg sei teilweise darauf zurückzuführen, dass sie etwa 40 Tage im Jahr freinähmen, um geistlich aufzutanken, ihre Vision zu erneuern oder auch Predigten zu verfassen. Sie empfehlen anderen Pastoren, dasselbe zu tun.

Ich empfehle das auch. Doch 40 Tage zur Erholung oder Predigtvorbereitung ist für die meisten Pastoren eine Vorstellung, über die sie nur lachen können! Wenn sie solch einen Rat hören oder lesen, reagieren viele von ihnen mit Ärger, Ablehnung und einem Gefühl der Entfremdung von ihren Pastorenkollegen.

Ich sage das nicht, um mich zu beklagen, und falls es kleinlich klingt, bitte ich um Entschuldigung. Ich formuliere diese Gedanken hier öffentlich, weil ich sie sonst nur gelegentlich in privaten Gesprächen zwischen Pastoren gehört habe.

Wir sprechen darüber hinter vorgehaltener Hand.

Es ist an der Zeit, es öffentlich zu sagen.

Wir können nicht ändern, was wir nicht zugeben.

Nummer drei: Unsere einzigartigen Bedürfnisse und Beiträge erkennen

So wie jede Gemeindewachstumsgeschichte einzigartig ist, so ist auch die Geschichte jeder kleinen Gemeinde einzigartig. Doch während jede Gemeinde ihre ganz individuellen Züge hat, gibt es auch gemeinsame Prinzipien. Das ist der Grund, weshalb wir Bücher lesen und Seminare besuchen.

Schauen Sie sich einmal an, wer bei Gemeindeleitungsseminaren spricht. Vielleicht gehen Sie gerade jetzt einmal online und recherchieren ein paar Seminare und Konferenzen für Pastoren. Im Lebenslauf des Hauptredners wird in der ersten Zeile fast immer die Größe seiner Gemeinde genannt. Oft wird noch hinzugefügt, wie schnell die

Gemeinde auf diese Größe angewachsen ist. Falls der Sprecher kein Megachurch-Pastor oder Evangelist ist, dann ist es normalerweise jemand, der über Megagemeinden geforscht und geschrieben hat.

Es ist an der Zeit, den Leuten, die diese Konferenzen organisieren, etwas zu sagen: Wenn sie solche Stars einladen, kann das ebenso viele Pastoren kleiner Gemeinden entmutigen, wie es Pastoren ermutigt.

Kann sich irgendjemand an das letzte Mal erinnern, wo der Pastor einer kleinen Gemeinde zu solch einer Konferenz eingeladen wurde, um über die Prinzipien zu lehren, wie man eine kleine Gemeinde leitet? Oder zu einer Podiumsdiskussion eingeladen wurde, bei der Pastoren von Gemeinden verschiedener Größe darüber diskutierten, wie wir zusammenarbeiten können?

Es sind die Pastoren großer Gemeinden, die die Seminare leiten und die Bücher schreiben. Natürlich gelten manche Prinzipien sowohl für große als auch für kleine Gemeinden und natürlich ist es wichtig zu lernen, wie man als Gemeinde wachsen kann. Aber die meisten Megachurch-Prinzipien gelten nur für Megachurches und werden sich niemals in meiner Gemeinde anwenden lassen. Und es ist nicht immer leicht herauszufinden, wann etwas allgemeingültig ist.

Als Pastor einer kleinen Gemeinde brauche ich andere Pastoren kleiner Gemeinden, die mir helfen, meine Arbeit besser zu machen.

Megachurch-Pastoren lehren mich nicht, wie man eine Gemeinde leitet. Sie lehren mich, wie man eine Megachurch leitet. Das ist verständlich, denn damit kennen sie sich aus. Aber sie müssen sich darüber im Klaren sein, dass sie mit ihrer Megachurch-Sprache nur einen sehr kleinen Teil des Publikums ansprechen! Jemand sollte sich die Mühe machen und ein paar gute Pastoren kleiner Gemeinden finden, damit sie an solchen Konferenzen in irgendeiner Weise beteiligt werden – sei es, dass sie einen Vortrag halten, an einer Podiumsdiskussion teilnehmen oder einen Workshop anbieten.

Ich erwarte gar nicht, dass Pastoren kleiner Gemeinden auf solchen Konferenzen die Hauptsprecher sind. Wenn ich eine hohe Konferenzgebühr bezahle, dann will ich in der Regel einen bekannten Pastor hören, nicht einen Pastor Karl Unbekannt von einer kleinen Gemeinde irgendwo in der Pampa. Und wie bereits gesagt, können es sich die meisten Pastoren kleiner Gemeinden sowieso nicht leisten, diese Konferenzen zu besuchen. Aber es ist wichtig, dass wir dieser Thematik mehr Aufmerksamkeit widmen als bisher! Um unseren Teil zum weltweiten Leib Christi beizutragen, müssen wir alle vorkommen und zusammenarbeiten.

Dieser Einstellungswandel wird nicht über Nacht geschehen. Aber ich möchte eine Idee vorschlagen, die zu einer Veränderung führen kann.

KAPITEL 14

NUR EINE STADT

Stellen Sie sich eine Stadt mit einer Million Menschen vor.

Die Gemeinden in dieser Stadt teilen sich ihrer Größe nach vielleicht wie folgt auf:

- *4 Megagemeinden mit je 5.000 Mitgliedern, macht insgesamt 20.000*
- *15 große Gemeinden mit je 1.000 Mitgliedern, macht insgesamt 15.000*
- *40 mittelgroße Gemeinden mit je 500 Mitgliedern, macht insgesamt 20.000*
- *100 halbkleine Gemeinden mit je 250 Mitgliedern, macht insgesamt 25.000*
- *500 kleine Gemeinden mit je 100 Mitgliedern, macht insgesamt 50.000*
- *500 Hauskirchen mit je 15 Mitgliedern, macht insgesamt 7.500*
- *Gesamtzahl von Gemeindebesuchern: 137.500*

Welche Gemeindegröße ist für die Stadt von größter Bedeutung?

Welche von geringster Bedeutung?

Es sollte inzwischen offensichtlich sein, dass wir alle Größen brauchen.

Es ist nötig, dass jeder in der bestmöglichen Weise arbeitet – und zwar in einer kooperativen Haltung der gegenseitigen Hilfe und Wertschätzung. Alles andere wird der durchschnittlichen Gemeinde nicht helfen, ihren Platz als nahezu in Vergessenheit geratene Subkultur des Stadtlebens zu verlassen. Einen Platz, an dem sie von einem Gespür für die Bedürfnisse der Stadt abgeschnitten ist, ebenso wie von anderen Ortsgemeinden.

»Teile und herrsche«. Das ist eine effektive Kampfstrategie, die viele Gemeinden geschwächt hat. Die Tragödie ist nur, dass die Wunden selbst beigebracht sind.

Ich erwarte nicht, dass die Prinzipien, von denen Sie gerade gelesen haben, in Städten auf der ganzen Welt verkündet werden und eine Art globale Renaissance bewirken. Aber lassen Sie mich einen Gedanken dazu äußern:

Was würde geschehen, wenn nur eine einzige Stadt beschließt, einen Versuch zu wagen?

Es muss keine Stadt mit einer Million Einwohnern sein. Das ist einfach eine schöne runde Zahl, mit der man gut arbeiten kann. Es könnte ein Vorort sein. Eine ländliche Kleinstadt. Oder eine Metropole.

Was könnte Gott in einer Stadt tun, deren Gemeinden die Entscheidung treffen, ihre Eifersüchteleien und gegenseitigen Vorurteile abzulegen?

Überlegen Sie einmal: Was könnte Gott in einer Stadt tun, deren Pastoren und Gemeinden die Entscheidung treffen, ihren Territorialismus, ihre kleinlichen Eifersüchteleien und ihre konfessionellen Vorurteile abzulegen?

Was wäre, wenn?

Was wäre, wenn wir unsere Unterschiede feiern würden, anstatt sie zu verachten oder zu ignorieren? Und anfangen würden, die Vorteile dieser Unterschiede zu nutzen?

Was wäre, wenn Pastoren kleiner Gemeinden anfangen würden, den Heuschrecken-Mythos als die Lüge zu erkennen, die er ist, und die Wahrheit akzeptieren würden: dass ihre Gemeinde in ihrer gegenwärtigen Größe genau da steht, wo Gott sie haben will? Manche Gemeinden werden so bleiben, andere werden vielleicht wachsen und alle haben ihre Berechtigung.

Was wäre, wenn sie sich die Ermutigung des Apostels Paulus zu Herzen nehmen würden und aufrichtig sagen könnten: »Ich habe gelernt, mir genügen zu lassen, wie's mir auch geht?« (Philipper 4,11) Würde solche »Frömmigkeit zusammen mit Genügsamkeit« nicht »ein großer Gewinn« für das Reich Gottes sein? (1. Timotheus 6,6)

Was wäre, wenn alle Pastoren in einer Stadt aufhören würden, entweder damit anzugeben, wie groß ihre Gemeinde ist, oder darüber zu jammern, wie klein sie ist, und beschließen würden, Gottes Willen für ihre spezifische Gemeindegröße herauszufinden und zu tun? In ihrer Stadt, in ihrem Vorort, in ihrem Viertel, in ihrer Straße?

Was wäre, wenn Megagemeinden kostenlose Seminare anbieten würden mit Rednern, deren Ziel es ist, kleine und mittelgroße Gemeinden mit dem Handwerkszeug zu unterstützen, das sie brauchen?

Was wäre, wenn kleine Gemeinden über die Angebote informiert wären, die große Gemeinden in ihrer Nähe für Menschen mit speziellen Bedürfnissen bereithalten – Seelsorge, Suchtprogramme, Bibelunterricht etc. –, sodass die Menschen, die ihre Gottesdienste besuchen, ohne schlechtes Gewissen unter der Woche einen Dienst einer anderen Gemeinde in Anspruch nehmen könnten, den ihre Gemeinde nicht anbieten kann?

Was wäre, wenn große Gemeinden erkennen würden, dass auch sie von kleinen Gemeinden lernen und Segen empfangen können?

Was wäre, wenn sich Pastoren von Gemeinden aller Größen frei fühlen würden, den Dienst einer anderen Gemeinde in Anspruch zu nehmen, um persönlich davon zu profitieren, wenn sie selbst geistliche Nahrung brauchen?

Was wäre, wenn große Gemeinden bereit wären, Pastoren kleiner Gemeinden zu helfen, wenn diese krank, ausgebrannt oder im Urlaub sind, indem sie unentgeltlich Dienste anböten, wie etwa einen Prediger für den Sonntagsgottesdienst, ohne dabei Mitglieder abzuwerben?

Was wäre, wenn diese Art von praktischer, liebevoller, christusähnlicher Hilfe zwischen Gemeinden von den Einwohnern einer Stadt bemerkt wird, der es an echten, liebevollen Beziehungen mangelt? Wäre das nicht ein besserer Weg, wie sie erkennen könnten, dass wir Christus nachfolgen, als wenn wir die Stadt mit Werbeplakaten zukleben?

Was wäre, wenn es nur *eine* Stadt in der Welt gäbe, die einen Versuch wagen würde?

Ich weiß, dieses Denken ist idealistisch und naiv. Vielleicht sind das nur Luftschlösser.

Aber was, wenn nicht?

Was, wenn wir es zumindest versuchen würden?

Was, wenn es in Ihrer Stadt beginnen würde?
Was, wenn es mit Ihnen beginnen würde?
Würden Gott diese Bemühungen nicht gefallen?
Und wenn es ihm gefiele ...
Was, wenn es funktionieren würde?
Gemeinden, die so etwas wagen, könnten diese Stadt verändern.
Und diese Stadt würde die Welt verändern.

KAPITEL 15

DEN HEUSCHRECKEN-MYTHOS HINTER SICH LASSEN

Was nun?

Ich hoffe, dieses Buch hat Sie inspiriert und herausgefordert, Ihre Gemeinde und Ihren Dienst auf eine neue Art und Weise zu betrachten.

Aber wie genau setzen wir diese Prinzipien um und lassen den Heuschrecken-Mythos hinter uns?

Schließlich habe ich Ihnen eine ganze Menge angeboten. 35 Jahre Erfolg und Misserfolg, Lernen und Wachsen, herausfordernde Thesen und neue Möglichkeiten. Und ich habe immer noch mein restliches Leben vor mir, um weiterzulernen.

Wäre es nicht schön, wenn wir die Impulse dieses Buches in kleine, gangbare Schritte umsetzen würden? Es wäre natürlich keine Straßenkarte für den Rest des Lebens, aber vielleicht ein Anfangspunkt?

So einen Anfangspunkt hat Gott den Israeliten geschenkt. Nach der unfreiwilligen operativen Entfernung ihres Heuschrecken-Denkens, die 40 Jahre lang dauerte, waren sie schließlich bereit, das Land einzunehmen. Also zeigte Gott ihnen den ersten Schritt. Buchstäblich. »Lauft heute einmal um Jericho herum«, trug er ihnen auf. Dann tut es morgen wieder. Und übermorgen.

Ich möchte Ihnen gern vier erste Schritte vorschlagen, die mir geholfen haben. Sie werden sie im Kern wiedererkennen, denn sie finden sich in dem, was ich auf den vorangegangenen Seiten geschrieben habe.

Möglicherweise ist die Reihenfolge, in der ich die Schritte aufführe, nicht die beste für Sie. Es ist noch nicht einmal die Reihenfolge, in der ich sie selbst gegangen bin. Ich habe zuerst Schritt 4 umgesetzt. Doch dies ist die logische, wenn auch nicht unbedingt chronologische Reihenfolge. Wahrscheinlich werden Sie irgendwann an mehr als einem Schritt gleichzeitig arbeiten. Deshalb schlage ich vor, mit dem Schritt anzufangen, der am einfachsten scheint.

Ich habe mich bemüht, diese Schritte so gangbar wie möglich zu machen. Außerdem finden Sie auf meiner Website (karlvaters.com) viele Artikel und Materialien, die Ihnen weiterhelfen können.

Wenn Sie bereit sind, Ihr Heuschrecken-Denken hinter sich zu lassen, habe ich eine gute Nachricht für Sie: Sie müssen die Tore Jerichos nicht allein stürmen. Zumindest noch nicht. Vielleicht nie.

Fürs Erste wollen wir uns ein paar wichtige erste Schritte um die Mauern von Jericho herum ansehen.

Schritt 1: Werden Sie schonungslos ehrlich

Es gibt keine Strategie, die in die Freiheit führt. Kein Programm. Keine Abkürzung.

Nur die Wahrheit.

Es ist der einzige Weg, vom Heuschrecken-Denken frei zu werden. Und wie immer hat Jesus es am besten gesagt:

> *»Wenn ihr in meinem Wort bleibt, seid ihr wahrhaft meine Jünger. Dann werdet ihr die Wahrheit erkennen und die Wahrheit wird euch befreien.« (Johannes 8,31-32)*

In Gottes Wort bleiben. Glauben, was er sagt – über Sie, über Ihren Dienst, über Ihre Vergangenheit und über Ihre Zukunft.

Die Wahrheit erkennen.

Hier fängt Freiheit an.

Seien Sie ehrlich zu Gott.

Manchmal frage ich mich, ob wir überhaupt irgendetwas gelernt haben, seitdem Adam und Eva einige Feigenblätter zusammengenäht und sich zwischen den Bäumen versteckt haben. Wir verbringen immer noch viel zu viel Zeit damit, für Gott unsere Sonntagskleider anzuziehen, nur um dann, wenn er kommt, die Flucht zu ergreifen, weil wir wissen, dass die Blätter nichts von dem bedecken, worauf es ankommt.

Es ist an der Zeit, sich von Neuem in Jesus zu verlieben.

Wir müssen ohne Feigenblätter vor einem heiligen Gott stehen. Gewöhnen Sie sich daran, wieder Zeit in die Beziehung mit ihm zu investieren. Beleben Sie Ihr vielleicht schon seit Langem schlummerndes Gebetsleben. Lassen Sie sich von Gott einen neuen Durst nach seinem Wort schenken, anstatt die Bibel nur aufzuschlagen, um Predigtmaterial zu finden.

Es ist an der Zeit, sich von Neuem in Jesus zu verlieben.

Wenn wir uns vor Gott verstecken, verstecken wir uns ironischerweise vor der einzigen Person, die mehr von uns weiß als wir selbst. Und uns trotzdem liebt. Wenn Ehrlichkeit nicht hier beginnt, dann kann sie nirgends beginnen.

Seien Sie ehrlich zu sich selbst und zu Gott.

Selbstbetrug ist der Kern des Heuschrecken-Mythos. Wenn Sie sich noch immer wie eine Heuschrecke fühlen, geben Sie es zu – gegenüber Gott und gegenüber sich selbst. Die Wahrheit zu bekennen, ist kein mangelnder Glauben.

Dann schauen Sie sich die größere Wahrheit an. Was ist wichtiger – dass Sie sich wie eine Heuschrecke fühlen oder dass Gott sagt, dass Sie keine sind?

Seien Sie ehrlich zu Ihrer »Familie«.

Ich habe »Familie« hier in Anführungszeichen gesetzt, weil dies Ihre leibliche Familie oder Ihre emotionale Familie oder Ihre geistliche Familie sein kann – oder eine Kombination davon. Bei manchen von uns sind sie nicht deckungsgleich.

Die Menschen, die Ihnen am nächsten stehen, kennen wahrscheinlich schon die meisten Wahrheiten, die Sie zu verstecken versuchen.

Sie haben vielleicht sogar seit Jahren versucht, es Ihnen zu sagen. Die Geheimnisse, von denen Sie glauben, dass sie ihre Vertrauten schockieren werden, treffen womöglich auf ein erleichtertes Nicken, weil Sie es endlich zugeben.

Seien Sie ehrlich zu Ihrem Mitarbeiterteam.

Ich kenne Ihr Mitarbeiterteam nicht. Vielleicht haben Sie nicht das Gefühl, sich diesen Menschen anvertrauen zu können. Viele von Ihnen können ihre Gefühle diesen Menschen gegenüber nicht in einer Weise offenlegen, wie ich es in Kapitel 2 beschrieben habe. Zumindest noch nicht. Vielleicht sind sie noch nicht in der Lage, mit gewissen Wahrheiten umzugehen. Und Sie sind möglicherweise nicht in einer günstigen Position, um es ihnen zu sagen.

Erinnern Sie sich daran, wie ich Ihnen in Kapitel 2 erzählt habe, wie begeistert ich früher war, nachdem ich all diese Bücher über den geistlichen Dienst gelesen hatte? Bitte tun Sie nicht das Gleiche mit diesem Buch! Stürmen Sie nicht in die nächste Vorstandssitzung und verkünden, dass ein Buch mit dem Titel »Der Heuschrecken-Mythos« die Antwort für Ihre Gemeinde ist. Ihre Mitarbeiter würden womöglich glauben, dass Sie sich einer Sekte angeschlossen haben. Zudem ist es nicht die Antwort. Jesus ist die Antwort.

Lassen Sie es für eine Weile in Ihrem Geist seine Wirkung entfalten. Vielleicht lesen Sie es ein zweites Mal. Dieses Mal langsam und betend.

Wenn Ihr Mitarbeiterkreis noch nicht bereit ist, darüber zu reden, ist das in Ordnung. Sie waren auch lange Zeit nicht bereit dazu. Zunächst einmal gehen Sie einige Absätze weiter nach unten und finden Sie heraus, was es bedeutet, Menschen, denen Sie vertrauen, mitzuteilen, was Sie in Ihrem Innersten beschäftigt.

Vielleicht kaufen Sie irgendwann ein Exemplare des Buches für Ihr Leitungsteam. Setzen Sie einen Samstag an, um darüber zu sprechen, nachdem sie es gelesen haben. Oder nehmen Sie sich ein paar Monate Zeit, um es an einem Abend wöchentlich Kapitel für Kapitel durchzugehen.

Hören Sie auf, so zu tun, als hätten Sie die Antworten, wenn Sie sie nicht haben. Hören Sie auf, so viel Kraft darauf zu verwenden, eine Fassade aufrechtzuerhalten. Hören Sie auf zu sagen: »Gott hat mir gesagt«, wenn er es nicht gesagt hat. All das sind Feigenblätter.

Es mag eine Weile dauern, um wirklich vollkommen ehrlich mit sich selbst und anderen zu werden. Die Wahrheit und nichts als die Wahrheit zu sagen. So wahr Ihnen Gott helfe.

Seien Sie ehrlich zu jemandem, der Ihnen helfen kann.

Ich habe Ihnen in Kapitel 2 von meinen Besuchen bei einem Berater erzählt. Wenn Ihr Heuschrecken-Denken nicht so tief sitzt wie meines, brauchen Sie vielleicht keine professionelle Hilfe. Wenn es aber tiefer sitzt, brauchen Sie vielleicht mehr. Viel mehr.

Wenn Sie Hilfe brauchen, holen Sie sich diese. Vielleicht gibt es einige gute Seelsorger in Ihrer Nähe, die Ihnen kostenlos oder zu einem günstigen Preis Gespräche anbieten. Wenn nicht, können Sie vielleicht einen Zuschuss von Ihrem Gemeindeverband oder Ihrer Kirche bekommen. Wenn Sie aus eigener Tasche dafür bezahlen müssen, bezahlen Sie! Der Preis, den Sie zahlen müssen, wenn Sie nicht die Hilfe bekommen, die Sie brauchen, ist viel höher als alles Geld, das Sie ausgeben werden.

Der nächste Punkt sollte eigentlich offensichtlich sein, aber ich erwähne ihn trotzdem.

Gehen Sie sicher, dass der Seelsorger oder Therapeut, den Sie aufsuchen, ein Christ ist, der biblische Wahrheiten als unerschütterliche Grundlage seiner Methodik nutzt. Fragen Sie nicht nur, ob er in eine Gemeinde geht. Schauen Sie nicht nur, ob ein Zertifikat in seinem Büro hängt. Es geht um Ihren Verstand, Ihren Geist, Ihren Dienst und Ihr Leben. Vertrauen Sie sich niemandem an, der nicht auch seinerseits seinen Verstand, seinen Geist, seinen Dienst und sein Leben Jesus anvertraut hat.

Seien Sie ehrlich zu Menschen, die »es« begreifen.

Wir alle wissen, was »es« ist, oder? Nein, ich kann »es« nicht besser beschreiben als Sie. Wir wissen einfach, wenn es da ist, und wir spüren, wenn es fehlt.

Es geht um Verbundenheit, Einfühlungsvermögen, gemeinsame Ziele und Visionen. Um Menschen, die aussprechen, was wir schon immer gefühlt haben, sogar ehe es uns bewusst wurde. Es geht um die Fähigkeit, die Sätze des anderen zu beenden und sich gegenseitig anzuspornen, besser zu werden.

Menschen zu finden, mit denen Sie das erleben, bedeutet nicht unbedingt, dass diese Menschen Sie ganz und gar verstehen. Schließlich haben Sie sich selbst lange Zeit nicht verstanden.

Beginnen Sie, indem Sie Pastoren in Ihrer Stadt oder Denomination ausfindig machen, die hilfreiche Erfahrungen im Dienst hatten. Nicht diejenigen mit all den Erfolgen und all den Antworten. Das haben Sie bereits versucht. Finden Sie stattdessen Menschen, die ähnliche Kämpfe erlebt haben. Finden Sie einen Pastor, der in Phase 7 ist (siehe Kapitel 12) und schütten Sie ihm Ihr Herz aus.

Oder finden Sie Menschen, die dieses Buch gelesen haben. Wenigstens das haben Sie gemeinsam. Sprechen Sie darüber, was Ihnen daran gefallen und was Ihnen nicht gefallen hat und was jeder von Ihnen plant, als Nächstes zu tun.

Wenn es niemanden in Ihrer Nähe gibt, mit dem Sie das tun könnten, oder wenn Sie einfach noch nicht dazu bereit sind, sich derart zu öffnen, dann besuchen Sie meine Website.

Schritt 2: Definieren Sie, wer Sie NICHT sind

Sie beeinflussen Ihr Leben mit jeder Entscheidung, die Sie treffen, sei sie groß oder klein.

Hören Sie auf, »Heuschrecken-Entscheidungen« zu treffen. Hören Sie auf, in der Verteidigungshaltung zu leben. Sagen Sie Nein dazu, Nein zu sagen.

Ihr größtes Problem im Dienst und im Leben ist nicht, dass Sie einen Fehler machen, sondern dass Sie von der Angst bestimmt werden, einen Fehler zu machen. Das ist es, was den zehn kleingläubigen israelitischen Kundschaftern passiert ist. Die Riesen und die Mauern, die sie gesehen haben, waren nicht größer als diejenigen, die Josua und Kaleb gesehen haben. Ihre größten Herausforderungen waren nicht äußerlich, sondern innerlich. Sie konnten nicht sehen, dass sie keine Sklaven mehr waren.

Ein sehr zutreffendes Sprichwort besagt: Es ist leichter, die Menschen aus Ägypten herauszubringen, als Ägypten aus den Menschen herauszubringen. Da fängt der Heuschrecken-Mythos an.

Ich habe an dem Tag angefangen zu entdecken, wer ich *nicht* bin, als ich meinen Mitarbeitern sagte: »Wir müssen aufhören, wie eine große Gemeinde zu denken.« Ich wusste noch nicht, wer ich war. Doch es war eine der befreiendsten Erfahrungen meines Lebens, das abzulegen, was ich nicht war.

Wenn Sie sich noch nicht darüber im Klaren sind, wer Sie sind, ist das in Ordnung. Beginnen Sie zunächst einmal zu akzeptieren, wer Sie *nicht* sind.

Schritt 3: Entdecken Sie, wer Sie sind

Es ist an der Zeit, Erfolg neu zu definieren. Frieden darüber zu finden, wer Sie sind und wo Sie sind.

Sind Sie Pastor einer kleinen Gemeinde? Sagen Sie es zunächst einmal für sich.

Wir sind Pastoren von kleinen Gemeinden, weil es das ist, wozu Gott uns berufen und begabt hat.

Jetzt in diesem Moment. Überwinden Sie die unangenehmen Gefühle und sagen Sie es selbstbewusst: »Ich heiße ________ und ich bin Pastor einer kleinen Gemeinde.«

Das ist der erste Schritt, um die »Heuschrecken-Mentalität« zu überwinden.

Wir sind Pastoren von kleinen Gemeinden – nicht deshalb, weil wir daran gescheitert sind, Pastoren von großen Gemeinden zu sein. Sondern weil es das ist, wozu Gott uns berufen und begabt hat.

Manchmal entdecken wir erst richtig, wer wir sind, nachdem wir es laut ausgesprochen haben und beginnen, dazu zu stehen.

Diese Erklärung könnte ein erster Schritt sein, der zu dem folgenden führt:

Schritt 4: Fangen Sie an – womit auch immer

Sie sind ein Denker und ein Leser. So wie ich.

Das ist gut. Dinge, die nicht mit Denken und Lesen beginnen, beginnen oftmals nicht gut. Ich habe allerdings auch festgestellt, dass alles, was mit Denken und Lesen aufhört, zu Ende geht, ehe es begonnen hat.

Deshalb ist es wichtig, irgendwann das Buch zur Seite zu legen, mit dem Denken, Reden und Planen aufzuhören und mit dem Tun anzufangen. Sie werden niemals an den Punkt kommen, an dem Sie jeden Schritt vorausgeplant haben. Manchmal haben Sie noch nicht einmal den ersten Schritt geplant. Tun Sie ihn trotzdem.

Das Wasser des Jordan trat nicht zurück, ehe die Priester der Israeliten nasse Füße bekommen hatten. Vielleicht ist es notwendig, dass Sie sich »die Füße nass machen«.

Etwas Herausforderndes, etwas anderes zu tun als für gewöhnlich, kann zunächst einmal beängstigend sein. Wir verlassen unseren geschützten Raum. Es erfordert Glauben – echten, praktischen, risikoreichen Glauben.

Kennen Sie diese Momente, in denen Sie sich besonders mutig und klug fühlen? Wenn Sie sich das nächste Mal so fühlen – und sei es nur ein ganz klein wenig –, fangen Sie an zu schreiben. Schreiben Sie Ihre Träume, Ziele, Ideen und Handlungsschritte auf. Schütten Sie einfach Ihr Herz auf einer leeren Seite aus.

Wenn Sie sich dann das nächste Mal *nicht* besonders mutig und klug fühlen, lassen Sie sich davon nicht lähmen. Arbeiten Sie einfach Ihre Liste ab.

Hier ein Beispiel: Der Titel dieses Buches war ein großes Risiko für mich. Ich hatte Dutzende anderer Titel im Kopf, ehe ich mich für diesen entschieden habe. Alle anderen schienen sicherer und sinnvoller zu sein. Irgendwann war jede Kapitelüberschrift ein möglicher Buchtitel, dann war es »Die Neue Kleine Gemeinde«, dann »Die Neue Kleine Gemeinde entdecken« ... Sie sehen, was ich meine.

Eines Tages fühlte ich mich besonders mutig und klug. Also begann ich damit, neue Ideen aufzuschreiben. Ich fragte mich nicht, was ein zutreffender Titel sein würde, sondern was der Titel eines Buches über den geistlichen Dienst wäre, das ich gerne lesen würde.

Aus Gründen, die ich noch nicht mal mehr nachvollziehen kann, kam mir immer wieder die Heuschreckengeschichte aus 4. Mose in den Sinn. Ich fand das Bild einer Heuschrecke als Download und spielte am Computer damit, wie es auf einem Buchcover aussehen könnte. Ich experimentierte mit Heuschrecken-Titeln. Als ich »Der Heuschrecken-Mythos« auf das Cover setzte, gefiel es mir.

Dann machte es mir Angst. *Mutig* und *klug* waren auf einmal ganz weit weg.

Ich brütete eine Weile über diesem Titel, ehe ich ihn irgendjemandem gegenüber erwähnte. Ich wollte wieder zurück zu den ersten Titelideen – denen, die sicherer waren.

Dann tat ich etwas Entscheidendes. Ich lieh mir etwas Mut. Ich sprach mit einigen mutigen Freunden. Es stellte sich heraus, dass sie den Titel mochten. Mit der Heuschrecke und allem.

Wir alle wissen, wer unsere mutigen Freunde sind und wer unsere sicherheitsliebenden Freunde sind. Wir brauchen sie alle. Es gibt Zeiten, in denen es wichtig ist, dass wir mit unseren sicherheitsliebenden Freunden sprechen – etwa dann, wenn wir überlegen, ob wir heiraten sollten, nachdem wir erst drei Dates hatten. Und dann gibt es Zeiten, in denen wir mit unseren mutigen Freunden sprechen sollten. Nicht den leichtsinnigen – nicht mit denen, die uns in Sachen hineinschieben.

Hören Sie niemandem zu, der Sie schiebt.

Hören Sie denen zu, die Sie ziehen.

Hören Sie denen zu, die Sie kennen und lieben. Die den mutigsten, besten Teil von Ihnen kennen und bestätigen können. Diejenigen, die selbst auf bewundernswerte Weise Schritte ins Ungewisse gehen. Diejenigen, die keine Angst haben zu scheitern. Diejenigen, die Sie mit sich ziehen.

Die Schieber drängen uns, Dinge zu tun, die sie selbst niemals tun würden. Dann lassen sie uns allein, bloß und ausgeliefert.

Die Zieher ziehen uns dorthin mit, wo sie selbst hingehen. Sie nutzen unseren gottgegebenen Wunsch nach Abenteuer und Freude. Dann gehen sie mit uns durch alle Herausforderungen.

Falls Sie keine Zieher in Ihrem Leben haben, ermutige ich Sie, welche zu finden. Beginnen Sie mit anderen, die auch einmal von der Heuschrecken-Mentalität befallen waren und ihr Heuschrecken-Denken überwunden haben. Oder schreiben Sie mir über meine Website, wenn Sie nicht wissen, wo Sie sonst anfangen sollen.

Das Ende des Mythos

Ein Buch und eine Website können Sie nicht dorthin bringen, wo Sie nach Gottes Willen sein sollten. Ganz egal, wie oft Sie es lesen, studieren, diskutieren oder sogar die Prinzipien, die Sie gelernt haben, an andere weitergeben – das wird Ihr Leben und Ihren Dienst nicht verändern. Sie müssen es tatsächlich *tun*.

Sie müssen anfangen.

Irgendwo, irgendwann müssen Sie den ersten Schritt tun.

Ihr irgendwo ist *hier*.

Ihr irgendwann ist *jetzt*.

Sie können das Heuschrecken-Denken hinter sich lassen.

Und das ist kein Mythos.

ANMERKUNGEN

[1] »Kein Mensch kann dir einreden, dass du minderwertig bist, solange du ihm nicht die Erlaubnis dazu gibst.« Dieses Zitat wird Eleanor Roosevelt zugesprochen, aber es gibt keinen Beweis dafür, dass sie diese Worte wirklich gesagt hat. Die Aussage an sich bleibt dennoch wahr.

[2] Viele der Kundschafter malten dem Volk nach ihrer Rückkehr ein Angstszenario: »Das Land, durch das wir gegangen sind, um es zu erkunden, frisst seine Bewohner, und alles Volk, das wir darin sahen, sind Leute von hohem Wuchs. Wir sahen dort auch Riesen, Anaks Söhne aus dem Geschlecht der Riesen, und wir waren in unsern Augen klein wie Heuschrecken und waren es auch in ihren Augen.« (4. Mose 13, 32-33)

[3] »Nun aber sind es viele Glieder, aber der Leib ist einer.« (1. Korinther 12,20)

[4] Joel Osteen ist Autor und Pastor der Lakewood Church in Houston, Texas. Wöchentlich besuchen etwa 50.000 Menschen seine Gottesdienste. Viele Menschen weltweit verfolgen seine TV-Sendungen. www.joelosteen.com

[5] Brian Houston und seine Frau Bobbie gründeten 1983 im australischen Sydney das »Hills Christian Life Centre« (später: »Hillsong Church«). Mittlerweile gibt es Hillsong-Gemeinden in 30 Ländern weltweit mit gut 150.000 Mitgliedern und mehreren Hunderttausend Menschen, die online die Gottesdienste verfolgen. www.hillsong.com

[6] Craig Groeschel ist Autor, Redner und Pastor der »Life Church«, einer großen Gemeinde in Edmonton mit vielen Tochtergemeinden in anderen Staaten der USA und Menschen überall auf der Welt, die an den Onlineangeboten teilnehmen. www.life.church

[7] »Aber Gott hat den Leib zusammengefügt und dem geringeren Glied höhere Ehre gegeben, auf dass im Leib keine Spaltung sei, sondern die Glieder einträchtig füreinander sorgen.« (1. Korinther 12,24-25)

[8] Reggie McNeal, The Present Future, Seite 22.
[9] Reggie McNeal, The Present Future, Seite 23.

Leseprobe: Kleine Gemeinde – große Wirkung von Karl Vaters

Verschiedene Arten kleiner Gemeinden und warum sie klein bleiben

Gemeindewachstumsbefürworter sagen gerne: »Wir müssen unsere Sendekapazität erhöhen, nicht bloß unsere Sitzplatzkapazität.« Das ist eine großartige Idee! Gehen wir noch einen Schritt weiter. Nehmen wir diese Ermahnung so ernst, dass wir unsere Sitzplatzkapazität *zugunsten* unserer Sendekapazität opfern. Ja, manchmal müssen wir das eine dem anderen vorziehen.

Es gibt tatsächlich eine Reihe von Gemeinden, die gesund sind und klein bleiben, entweder mit Absicht oder durch die Art von Arbeit, zu der sie berufen sind. Hier sind ein paar Beispiele:

Missionarische Gemeinden bzw. »Pflanzgemeinden«

In der amerikanischen Folklore ist John Chapman bzw. Johnny Appleseed (in Deutschland besser bekannt als Hans oder Hänschen Apfelkern) zu einer berühmten Persönlichkeit geworden, weil er im 19. Jahrhundert im gesamten Mittleren Westen der USA umherzog und Apfelbäume pflanzte. Das war seine Leidenschaft. In ähnlicher Weise haben manche christliche Gemeinden ihre Leidenschaft und Mission entdeckt, lieber viele kleine Gemeinden zu pflanzen, statt zu einer einzigen großen Gemeinde zu werden.

Ausbildungsgemeinden

Kleine Gemeinden sind besonders gut für praktische Ausbildungen geeignet. Dazu gehört auch die Gemeinde, in der ich als Pastor diene. Zu manchen Zeiten besteht bis zu ein Drittel der Gottesdienstbesucher aus Studenten. Wir bieten Praktika an, bei denen Studenten aus aller Welt jeden Aspekt des Gemeindelebens ganz individuell kennenlernen können.

Hausgemeinden

Hausgemeinden sind ein legitimer, aber häufig übersehener Ausdruck des Leibes Christi. In den kommenden Jahrzehnten werden sie wahrscheinlich zunehmen, wenn Menschen von den »Unternehmensmethoden« ihrer Gemeinden zunehmend enttäuscht werden, keine großen Gebäudehypotheken abzahlen oder für Gehälter von Gemeindemitarbeitern aufkommen möchten.

Seniorengemeinden

Ich habe einen Freund, der seit mehr als 25 Jahren Pastor einer wunderbaren, gesunden Gemeinde in einer Ruhestands-Siedlung bzw. Seniorenresidenz ist. Jedes Jahr führt er Beerdigungen für 20 Prozent seiner Gemeindemitglieder durch, also braucht er eine 20-prozentige Wachstumsrate, nur um die Teilnehmerzahl aufrechtzuerhalten. In allen anderen Fällen würde eine Gemeinde, die eine jährliche Wachstumsrate von 20 Prozent vorzuweisen hat, viel Anerkennung ernten. In seinem Fall muss er ungerechtfertigte Versagensgefühle überwinden.

Nischengemeinden

Ich bin überzeugt, dass Nischengemeinden, genau wie Hausgemeinden, in den kommenden Jahrzehnten ein wachsendes Segment darstellen werden, besonders in dicht bevölkerten Gebieten. Manchmal hat die Nische eine ethnische oder sprachliche Basis. Manchmal ist die Nische eine Gruppe, die sich vom Hauptgesellschaftsstrom entfremdet fühlt. Häufig sind diese Nischen so klein, dass es nie genug Gottesdienstbesucher gibt, um eine große Gemeinde aufzubauen. Aber auch diese Menschen müssen von Jesus hören, und zwar auf eine Weise, die ihre einzigartigen Empfindungen und Bedürfnisse berücksichtigt.

Gegenkulturelle Gemeinden

Dies mag sich mit Nischengemeinden überschneiden, jedoch nicht immer. Große Gemeinden wachsen oft deshalb so rasant, weil sie die Werte und Gewohnheiten der umliegenden Kultur berücksichtigen und ihre Methoden entsprechend ausrichten. Das ist ein wichtiger Aspekt, um das Evangelium zu kontextualisieren und die Kommunikationsmethoden an die Kultur anzupassen, während der Kern der Botschaft der Kultur häufig weiterhin entgegengesetzt bleibt. Doch einige Gemeinden sind in eine kulturelle Umgebung hineingepflanzt, deren Boden hart und steinig ist. Oder sie sind dazu berufen, auch in ihren Methoden gegenkulturell zu sein, nicht nur in ihrer Botschaft. Ich denke daran, wie meine Frau und ich vor einigen Jahren eine Gemeinde in Bukarest in Rumänien besuchten. In dieser postkommunistischen, hyperkapitalistischen Kultur stiegen die Gemeindemitglieder sogar in die Abwasserkanäle, um den Straßenkindern zu helfen, die in den Jahren nach dem Sturz des Kommunismus von der Gesellschaft an den Rand gedrängt worden waren. Gemeinden, die in einem solchen Umfeld angesiedelt sind, leben im Kontrast zur Umgebungskultur und bleiben gerade deshalb für gewöhnlich relativ klein.

Arme Gemeinden

Die treuen, gebetsreichen, arbeitssamen und liebevollen Menschen, die von Gott dazu berufen sind, in verarmten Kommunen zu leben und zu dienen – gewöhnlich leben sie dabei selbst unterhalb der Armutsgrenze –, sollten nicht unter unzumutbare Erwartungen eines unwahrscheinlichen zahlenmäßigen Wachstums gestellt werden.

Verfolgte Gemeinden

Die oft gesendete Botschaft, dass Gemeinden unbedingt wachsen müssten, wird natürlich auch von Gemeindeleitern empfangen, die in Ländern leben, in denen Christen massiv unterdrückt und verfolgt werden. Sie wünschen sich Hilfe, aber eine solche Botschaft erleichtert ihre Last nicht, sondern erschwert sie noch. Ich habe mit Pastoren verfolgter Gemeinden zusammengesessen, die mir herzzerreißende Geschichten erzählt haben. Privilegierte Gemeindeleiter aus wohlhabenden Ländern haben ihnen gesagt, dass ihre Gemeinden größer wären, wenn sie mehr Glauben hätten oder bestimmte Gemeindewachstumsmethoden implementieren würden. Dabei verrät schon ein flüchtiger Blick auf ihr Umfeld, dass solche Methoden dort nicht funktionieren. Und was den angeblichen Glaubensmangel betrifft, da konnte ich, als ich in ihren winzigen Häusern und Gemeinden saß, nur denken: »Hätte ich bloß die Hälfte eures Glaubens, wäre ich ein geistlicher Riese.«

Übergangsgemeinden
Diese Gemeinden existieren in Kommunen, die enorme demografische Veränderungen durchmachen. In solchen Gegenden wechselt jedes Jahr ein Großteil der Bevölkerung den Standort und wird von einer neuen Gruppe Menschen ersetzt, die höchstwahrscheinlich auch nicht länger als drei bis fünf Jahre bleibt. Sicher, ein Zustrom neuer Menschen bietet Chancen für eine Gemeinde, aber bei so einem hohen jährlichen Verlust der bisherigen Einwohner erfordert es einen enormen Arbeitsaufwand, um die gegenwärtige Gemeindegröße aufrechtzuerhalten, geschweige denn zahlenmäßig zu steigern.

Strategisch kleine Gemeinden
Einige Gemeinden sind absichtlich klein und spielen eine unerlässliche Rolle bei der Erfüllung des Missionsauftrages Jesu (was das bedeuten kann, untersuche ich in dem Kapitel »Hängt Ihre Gemeinde fest oder handelt sie strategisch?«). Ein Missionar, der nach Japan ausgesandt wurde, erzählte mir von einer großen Kampagne eines anderen, gut meinenden amerikanischen Missionars, der ein großes Gemeindegebäude am Rand einer japanischen Stadt baute. Das Gebäude steht seitdem leer, weil es nicht der japanischen Kultur entspricht. Wenn sich ein Japaner zum christlichen Glauben bekehrt, kann das als Beschämung seiner Familie und Kultur aufgenommen werden. Ein Gottesdienstbesuch in einem protzigen Gemeindegebäude verschlimmert diese Beschämung der Familie nur noch.

Zusätzlich zu den verschiedenen Arten von Gemeinden, die klein bleiben, gibt es wichtige Gründe, warum eine kleine Größe für viele Gemeinden gut passt.

Ein Pastor ist ein Hirte

Wir alle haben unterschiedliche Gaben. Nicht alle Pastoren haben die erforderliche Mischung administrativer Gaben, um eine 400- oder 4.000-köpfige Gemeinde zu leiten. Genauer gesagt haben nur wenige diese Begabung. Ich z. B. weiß, dass ich sie nicht habe. Wenn ich jede Woche mehr als ein paar Stunden auf finanzielle und administrative Entscheidungen verwenden muss, trocknet mein Geist mit der Zeit langsam aus.

Sind Sie ein Hirte? Dann seien Sie ein guter Hirte, der seine kleine Gemeinde dahin führt, Großes zu erreichen. Bitte denken Sie daran, dass der Hirtendienst nicht bedeutet, dass Sie die ganze Arbeit eigenhändig erledigen, sonst sind Sie bald ein ausgebrannter Pastor und eine ungesunde Gemeinde wäre vorprogrammiert. Pastoren, die gute Hirten sind, sollten ihre Gemeindeglieder für den Dienst ausrüsten und freisetzen. Je kleiner die Gemeinde ist, desto persönlicher und interaktiver kann diese Ausrüstung geschehen.

Die Welt braucht mehr gesunde kleine Gemeinden

Hätten wir keine gesunden kleinen Gemeinden, was wäre dann die Alternative? Natürlich sagt niemand, dass wir Gemeinden schließen sollen, wenn sie nicht bestimmte Wachstumsraten erreichen. Kleine Gemeinden existieren, weil kleine Gemeinden gebraucht werden.

Gemeinden möchten, dass der Pastor tatsächlich eine pastorale Funktion ausübt

Die meisten gesunden großen Gemeinden arbeiten fleißig daran, gleichzeitig größer und »kleiner« zu werden, und zwar durch Kleingruppen. Pastoren großer Gemeinden müssen ein Großteil der pastoralen Arbeit – oder sogar die gesamte – an »Unterhirten« delegieren, und das ist unter den Umständen auch angebracht. Doch einige Menschen gedeihen besser in ihrem geistlichen Leben, wenn sie nicht von einem Kleingruppenleiter, sondern tatsächlich von ihrem Pastor seelsorgerlich begleitet werden, und das ist ein berechtigtes Bedürfnis.

Viele Menschen wollen nicht in eine große Gemeinde gehen

Einige Menschen bevorzugen ein überschaubares Gemeindeleben. Vom Firmenchef, der es am Wochenende mal etwas ruhiger und familiärer haben will, bis hin zu Eltern, die ihre Kinder in der Gemeinde lieber in einem generationsübergreifenden Umfeld aufwachsen sehen wollen als in einem weiteren altersspezifischen »Klassenzimmer« – *klein* funktioniert einfach besser für diese Menschen.

Das gilt für langjährige Kirchgänger genauso wie für kirchenferne Menschen. Die Vorstellung, dass sich jeder zu einem größeren Versammlungsraum, zu mehr Menschen und zu einer »High-End-Gottesdienstproduktion« hingezogen fühlt, hat noch nie der Realität entsprochen. Genauso wie es Menschen gibt, die ein kleines individuelles Restaurant einer großen Restaurantkette vorziehen, gibt es Menschen, die sich ein kleineres Umfeld wünschen, um den christlichen Glauben zu entdecken und auszuleben.

Ich weiß – indem ich sage, dass nicht jeder eine große Gemeinde vorzieht –, dass ich Gefahr laufe, wie der Baseballspieler Yogi Berra zu klingen, der bekanntermaßen über ein populäres Restaurant gesagt hat: »Da geht niemand mehr hin. Es ist zu voll.« Ich will nicht behaupten, dass große Gemeinden aussterben oder keine Bedürfnisse mehr erfüllen. Offensichtlich gedeihen sie und tun vielen Menschen gut. Das ist einer der Gründe, warum die meisten großen Gemeinden groß geworden sind. Aber sie sind nicht für jeden geeignet. Wir sollten dafür sorgen, dass es auch für Menschen, die sich ein kleineres Umfeld für ihr Glaubensleben wünschen, gute Optionen gibt.

Vielleicht gehören kleine Gemeinden zu Gottes Plan

Jeder, der einen christlichen Dienst ausübt, sollte dem zustimmen können, dass »Gottes Wege höher sind als unsere Wege und seine Gedanken als unsere Gedanken« (nach Jesaja 55,8) und dass Gott uns zur Gemeinschaft mit anderen Christen berufen hat. Wir sollten uns zwar bemühen, seinen Willen auch bis in die Einzelheiten hinein zu ergründen und umzusetzen, gleichzeitig aber auch demütig bleiben, was die Entwicklung von ausgefeilten Strategien betrifft. Denn vielleicht hat Gott ja einen Plan für unsere Gemeinde, der nur erfüllt werden kann, indem sie klein und gesund ist.

»Größer werden oder ganz dichtmachen« sind nicht die einzigen Optionen

Viele gesunde Gemeinden bleiben klein und brauchen einfach Ermutigung und Ressourcen. Leider haben viele Pastoren kleiner Gemeinden das Gefühl, dass ihnen ein Ultimatum gesetzt wird: »Größer werden oder ganz dichtmachen.«

Zuweilen scheint dieser Druck aus allen Richtungen zu kommen: von unseren Gemeinden, unseren Konfessionen oder Gemeindeverbänden und, vielleicht von dem schärfsten Kritiker von allen, von uns selbst. Es heißt, dass »gesunde Dinge wachsen«, und das stimmt ja auch. Aber aufgrund der weitverbreiteten Fehlwahrnehmung, dass das mit zahlenmäßigem Wachstum gleichzusetzen sei, glauben viele Pastoren nicht, dass eine gesunde Gemeinde klein bleiben kann. So eine Gemeinde wird doch zwangsläufig größer, oder nicht? Wenn dem so ist, dann kann eine Gemeinde, die klein bleibt, unmöglich gesund sein. Wer so etwas glaubt, entwickelt keine Lösungsansätze und Mittel mehr, um kleinen Gemeinden mit Problemen zu helfen, gesunde kleine Gemeinden zu werden. Denn er hält es ja nicht einmal für möglich, dass es gesunde kleine Gemeinden geben könnte.

Leider leben wir in einer Kultur, die derart von dem Motto *»bigger is better«* – größer ist besser – besessen ist, dass sich diese Devise auch in unsere Gemeinden eingeschlichen hat. Diese Grundmentalität hat viele Pastoren davon abgehalten, eine andere Option zu sehen, nämlich, dass kleine Gemeinden mit Problemen zu gesunden kleinen Gemeinden werden können. Ich meine damit nicht, dass die Genesung einer kleinen Gemeinde ein Sprungbrett für Wachstum ist. Das ist zwar nicht verkehrt, aber mir geht es hier um die Gesundheit einer Gemeinde als Endzweck.

Viele Gemeinden auf der Welt sind klein. Vielleicht haben wir kein Größenproblem, sondern eher ein Gesundheitsproblem. Stellen Sie sich vor, jede kleine Gemeinde wäre gesund, stark und dynamisch (wie es viele bereits sind): Würde eine kleine Größe dann noch als Problem angesehen werden?

Kleine Gemeinde – große Wirkung
Raus aus der Wachstumsfalle
ISBN 978-3-96362-266-3
232 Seiten, Paperback